복 있는 사람

오직 여호와의 율법을 즐거워하여 그 율법을 주야로 묵상하는 자로다.
저는 시냇가에 심은 나무가 시절을 좇아 과실을 맺으며 그 잎사귀가 마르지 아니함 같으니
그 행사가 다 형통하리로다. (시편 1:2-3)

과거 저자의 『일그러진 성령의 얼굴』을 읽으며 거룩한 희열을 맛보았던 기억이 생생하다. 박영돈 교수는 성령론을 전공한 조직신학자로서 한국 교회에 대한 책임감을 가지고 성령 운동 현장들을 직접 방문하여 취재하듯 연구하며 그 책을 썼다. 나는 그 책이 한국 교회가 영적으로 건강해지는 데 큰 공헌을 했다고 평가한다. 앞의 책이 신학자의 탐사적 보고서였다면, 이번 책 『성령이 임하시면 권능을 받고』는 '현장을 위한 성령론'이라 할 수 있다. 저자는 이 책에서 가장 어렵고 혼란스러운 성령론을 평신도의 언어로 설명하고 있다. 이 책은 많은 병폐를 낳아 온 한국 교회의 개인주의적이고 신비주의적인 성령 이해를 극복하고 종말론적이고 우주적이며 사회적인 성령의 역사를 소망하게 한다. 글을 읽는 동안 마음이 따뜻해지고 좁아졌던 시야가 활짝 열리는 것을 경험했다. 그런 점에서 이 책은 한국 교회 성령론에 다시 한번 귀한 공헌을 할 것으로 보인다. 진실한 믿음을 갈망하는 이들에게 아주 귀한 선물이다.

김영봉 와싱톤사귐의교회 담임목사

성령론은 오늘날 교회와 신학에서 가장 많이 그리고 뜨겁게 논의되는 주제다. 하지만 "불고 싶은 대로 부는 바람"을 붙잡을 수 없기에 성령의 인격과 사역을 체계적이고 조직적으로 논하기는 어려운 일이다. 이러한 곤란을 신학자만이 아니라 그리스도인 모두가 경험하는 만큼, 창조로부터 종말에 이르기까지 개인과 공동체의 삶에 함께하시는 성령에 관해 성서에 충실하면서도 신학적으로 균형 잡힌 안내가 절실히 요구된다. 이러한 필요를 조금이라도 느낀 이라면 누구나 『성령이 임하시면 권능을 받고』를 읽어 보기를 강력히 권한다. 이 책은 신학적으로 깊이 있으면서도 난해하지 않고, 성서에 대한 단단한 이해를 바탕으로 하면서도 매우 실천적이며, 친절한 말투 속에서도 예언자적 기백을 잃지 않는다. 저자의 오랜 연구와 강의, 목회 경험이 교회에 대한 애정과 결합하며 탄생한 만큼 빼어난 기획과 현실에 대한 정확한 진단, 독자를 배려한 글쓰기가 돋보인다. 무엇보다 신앙의 핵심 가르침을 다루는 7부작의 첫 작품인 만큼 기독교 신앙의 포괄적 맥락 속에서 성령론을 위치시키고 있다는 점에서 다른 단편적인 입문서와 크게 차별화된다. 목회자의 설교 준비, 공동체 교육, 개인의 경건 생활 등 다양한 실천적 맥락에서 널리 사용되며 믿음을 풍성하게 하고 교회를 교회답게 하는 데 크게 이바지할 뛰어난 작품이다.

김진혁 횃불트리니티신학대학원대학교 조직신학 교수

박영돈 교수는 성령에 관한 여러 저작을 통해 한국 교회에 깊이 뿌리 내린 성령에 대한 오해를 불식시키고 성경적인 성령론이 자리 잡는 데 큰 기여를 한 바 있다. 이 책 『성령이 임하시면 권능을 받고』에서 저자는 한 걸음 더 나아가, 주로 개인적 구원 차원에서 제한적으로 다루어지던 성령론을 '새 창조와 하나님 나라'라는 보다 거시적인 차원에 위치시키며 우리의 이해를 확장시킨다. 우리 시대 그리스도인들이 이 시의적절한 책을 통해 만물을 새롭게 하시는 성령을 더 깊이 사모하고 경험할 수 있게 되기를 소망한다.

송태근 삼일교회 담임목사

성령이라는 주제로 구약과 신약을 관통하고 있는 이 책은 "성령의 참맛"을 우리에게 선사한다. 성령을 중심으로 삼위일체, 구원, 복음, 언약, 교회, 신자의 삶, 하나님 나라, 선교, 고난, 부흥, 종말을 아름답게 설명한다. 성령에 대한 책 중 이렇게 탁월하게 성경신학적이면서 이토록 통전적인 책은 드물 것이다. 특히 바울 서신에 나타난 성령에 대한 가르침을 풀어 줄 때 개인적으로 큰 기쁨을 느꼈다. 이 책의 독자들은 창조의 영, 구속의 영, 공동체를 형성하는 영, 변호자, 위로자, 거룩한 수줍음의 영, 집 짓는 영, 종말의 영, 사랑의 영, 안식의 영, 선물의 선물이자 생수이신 영, 예수 그리스도의 영이신 성령을 만나게 될 것이다. 이 책에 여러 번 언급되는 것처럼, 골짜기에 가득한 마른 뼈들이 살아나 큰 군대로 일어나는 에스겔 37장의 환상이 한국 교회에서 실제화되기를 소망한다.

우병훈 고신대학교 신학과 교의학 교수

성령에 대한 왜곡은 늘 한국 교회 안에 존재해 왔다. 성령을 바르게 이해하지 않으면 신앙은 길을 잃을 뿐 아니라 역동성을 가지기 어렵다. 그동안 한국 교회는 은사주의 혹은 개인적인 체험 위주의 성령론으로 기울어진 면이 많았다. 그런 맥락에서 이 책은 성령의 사역에서 '새 창조와 하나님 나라'라는 거대한 시야를 제공해 줄 뿐 아니라, 성령과 함께하는 일상의 삶을 친절하고 세심하게 안내한다. 신학자이면서 목회자인 저자의 성령에 대한 체계적인 정리는 현장 사역자들은 물론이고 많은 성도들에게 큰 도움이 될 것이다. 감사한 마음으로 적극 추천한다.

이규현 수영로교회 담임목사

기독교의 핵심 진리가 체계적으로 정리된 시리즈가 출간된다는 소식을 듣고 무척 반가웠다. 박영돈 교수는 성령론을 누구보다 분명하고 명쾌하게 가르치는 신학자로 잘 알려져 있다. 이 책에는 성령론의 핵심 및 성령에 관한 전체 그림이 일목요연하게 정리되어 있을 뿐 아니라, 저자가 오랜 기간 교수이자 목회자로서 섬긴 경험과 통찰, 신학 세계가 고스란히 녹아 있다. 성령 안에서 사랑과 평강과 희락을 누리는 하나님 나라 공동체를 이 땅에서 누리고 회복하기 원하는 이들, 참된 의미의 영적 갱신과 도약을 꿈꾸고 소망하는 한국 교회 모든 그리스도인들에게 꼭 필요한 책이라 여기며 기쁘게 추천한다.

이찬수 분당우리교회 담임목사

이 책을 추천하는 나에게는 두 가지 기쁨이 있다. 저자인 박영돈 교수는 내가 존경할 뿐 아니라 많은 것들을 배워서 닮고 싶은 귀한 분이기에 그의 책은 언제나 나의 관심사 일순위다. 또한 이 책에서 다루는 주제가 성령이기에 더 큰 기대를 가지게 된다. 구주 예수께서 이루신 모든 영광을 성도들의 삶에 적용시키는 일은 성령께서 하시는 핵심 사역이며, 성령 충만은 우리 모든 성도를 향한 성경의 명령이기 때문이다. 개인적 체험과 현상에 국한된 성령에 관한 좁은 이해를 넘어서서, 이 책은 새 시대와 새 인류, 새 창조라는 하나님 나라와 광대한 구원 계획의 관점에서 성령의 사역을 포괄적이고 총체적으로 보게 하는 일에 많은 유익을 줄 것이다. 온 조국 교회와 성도들이 이 책을 가까이하여 즐겨 읽음으로써 성경을 더욱 사랑하고 성령의 충만한 권능에 사로잡혀, 새 창조의 능력을 회복하고 더욱 새로워지는 귀한 도구로 널리 사용되기를 소망한다.

화종부 남서울교회 담임목사

성령이 임하시면 권능을 받고

성령이 임하시면 권능을 받고

2023년 12월 15일 초판 1쇄 발행
2024년 9월 27일 초판 4쇄 발행

지은이 박영돈
펴낸이 박종현

(주) 복 있는 사람
주소 서울특별시 마포구 연남동 246-21(성미산로23길 26-6)
전화 02-723-7183, 7734(영업·마케팅)
팩스 02-723-7184
이메일 hismassage@naver.com
등록 1998년 1월 19일 제1-2280호

ISBN 979-11-7083-068-9 03230

기독교 핵심 진리

1

성령이 임하시면 권능을 받고

박영돈

복 있는 사람

차례

여러분은 평소에 성령에 대해 얼마나 많은 관심이 있습니까? 오늘날 기독교 교리 중 가장 뜨거운 주제 가운데 하나가 바로 성령론일 것입니다. 성령에 관한 관심이 고조되는 만큼 오해와 혼란도 많습니다. 성령의 사역이 자주 방언이나 예언, 성령세례 등 특별한 체험과 현상이라는 좁은 틀에서 이해됨으로 성경이 증거하는 성령 사역의 광범위한 차원이 간과되는 경우가 많습니다. 그런 문제를 극복하기 위해서 개인적 체험의 차원을 넘어 성경 전체에서 펼쳐지는 하나님의 거대한 구원 계획과 역사라는 관점에서 성령의 전 사역을 포괄적으로 고찰해야 합니다.

이 책은 그런 성령 이해를 돕기 위한 안내서로 쓰였습니다. 우선, 성경을 관통하는 하나님의 언약과 구원의 경륜이라는 흐름을 따라 성령의 주된 사역과 역할이 무엇인지 파악할 수 있도록 내용을 전개했습니다. 구약에서부터 하나님의 구원 계획과 언약을 이루어 가시며 메시아 위에 임하시고 마침내 그 약속의 성취로 오신 성령을 추적해 보았습니다. 이렇게 구약에서 약속한 새 창조와 새 언약이 성취된 맥락에서 오순절에 임한 성령을 이해함으로써 그 사역의 탁월함과 풍성함이 무엇인지를 밝혔습니다. 또한 성령이 임하시면 권능을 받는다는 주님의 말씀이 어떻게 실현되었는지를 살펴보았습니다. 그 권능은 단순히 우리 개인을 새롭게 하고 은사를 체험하게 하는 것만이 아니라, 새 시대가 도래하게 하고 새 인류를 탄생하게 하며 새 창조와 하나님 나라가 온 세상에 역동적으로 진행되게 하는 하나님의 능력입니다. 오늘날 교회는 성령의 사역을 개인 안에 가두는 단편적인 사고에서 벗어나, 교회와 세상과 만물을 새롭게 하는 성령의 갱신 사역을 거시적인 안목에서 조망하고 이해하는 것이 절실합니다.

이와 같이 광범위한 성령론을 신학적으로 상세하게 다루려면 방대한 분량의 책이 될 것입니다. 이 책은 그러한 내용의 핵심만을 간추려 소개하되, 신학을 전문적으로 공부한 목회자뿐 아니라 교인들도 성경이 말하는 성령에 관한 전체적인 그림을 쉽게 파악할 수 있도록 구성하였습니다. 또한 온 세상을 새롭게 하는 성령 사역의 거시적인 관점 안에 개인을 거듭나게 하여 풍성한 생명으로 인도하는 성령 사역의 미시적인 측면이 유실되지 않게 했습니다. 구원을 새 창조의 관점에서 고찰함으로써 하나님 나라에 들어가는 중생과 믿음을 재조명했습니다. 그와 더불어 성령의 새 창조 사역 안에 중생과 칭의와 성화 등 구원의 다양한 측면이 연합되어 있으며 믿음과 순종 또한 분리될 수 없음을 밝혔습니다. 마지막으로, 성령은 우리 안에 생수의 근원일 뿐만 아니라 우리를 에워싼 환경이라는 특성을 들어 성령 안에 산다는 것이 무엇인지 쉽게 풀어 보았습니다.

이 책은 기독교 신앙의 일곱 가지 핵심 주제—성령, 구원, 교회, 종말, 예수, 인간, 하나님—를 누구나 쉽게 이해할 수 있는 언어로 풀어서 소개하는 '기독교 핵심 진리' 시리즈 첫 번째 책입니다. 신학교에서 교의학 교수로 20여 년간 학생들을 가르친 경험과 오랜 시간 교회에서 목회자로 섬긴 경험이 이 책에 녹아 있습니다.

필자는 시중에 나와 있는 성경공부 및 제자훈련 교재에 아쉬움을 느끼며 그 내용이 좀 더 성경적 깊이뿐만 아니라 기독교 진리에 관한 체계적인 지식으로 업데이트되기를 바

성령이 임하시면 권능을 받고

라는 이들의 요청에 부응하여 이 책을 쓰게 되었습니다. 신학책은 너무 복잡하고 어려운 데 반해, 일반 성경공부 교재는 너무 쉽고 단조로워 그 양극단을 잘 절충하는 수준의 책이 필요하다는 주문을 받은 것입니다. 이 책이 그런 요구를 얼마나 충족했는지는 독자가 판단할 몫이지만, 필자는 많은 부분에서 미흡함을 느낍니다. 이 책의 내용은 기본적으로 교인들이 쉽게 이해할 수 있는 수준이지만, 목회자나 교역자가 성경공부 모임이나 강의를 통해 보다 자세히 안내해 준다면 훨씬 더 효과적으로 학습할 수 있을 것입니다. 특별히 각 장 마지막에 수록된 '나눔을 위한 질문'을 가지고 소그룹 안에서 나누다 보면 책의 내용을 보다 쉽고 명확하게 이해할 수 있을 것입니다.

오늘날 영적인 힘을 잃고 피폐해진 교회에 가장 절실한 것은 주님이 약속하신 성령의 권능입니다. 아무쪼록 이 책을 통해 목회자와 성도들 모두가 성령에 관한 온전한 이해에 이르러 주님이 약속하신 성령의 권능을 갈망하게 되기를 바랍니다. 그래서 다시 한번 성령의 권능에 사로잡혀 세상에 하나님 나라와 새 창조를 확장해 가는 교회로 새로워지기를 소망합니다.

이 책이 출간되기까지 도움을 주신 분들에게 감사의 말을 전하며 글을 맺겠습니다. 우선, 이 책을 집필하는 동안 뒤에서 기도해 주신 분들과 작은목자들교회 교우들에게 감사드립니다. 또한 원고를 읽고 교정해 준 김성욱 목사와 이정화 교수, 그리고 이 책의 출간을 위해 수고하신 복 있는 사람 출판사 박종현 대표와 문준호 팀장에게 감사드립니다. 마지막으로, 늘 곁에서 힘과 위로가 되어 주는 아내에게 감사를 전합니다.

2023년 12월 시흥에서
박영돈

1장

구약에 임한 성령

1. 창조의 영

세상을 창조한 성령

오순절에 성령이 강림하셨습니다. 그러면 오순절 전, 구약 시대에는 성령이 이 땅에 계시지 않았을까요? 구약에도 성령이 계시고 일하셨다는 증거가 가득합니다. 그렇다면 성령이 오순절에 오셨다는 말씀은 무슨 뜻일까요? 구약의 성령과 오순절에 임한 성령은 어떤 면에서 다르며, 그 연속성과 불연속성은 무엇일까요?

구약의 성령에 대한 이해가 부족해서 신약의 성령을 완

전히 새로운 영인 것처럼 이해하는 경향이 있습니다. 이렇게 그 불연속성을 지나치게 강조하면 성령론에서 신구약을 분리하는 오류를 범하게 됩니다. 또한 구약의 성령론을 제대로 이해하지 못하면 신약의 성령론을 온전히 파악할 수 없습니다. 바울의 성령론, 누가와 요한의 성령론은 모두 구약의 토양에 깊이 뿌리내리고 있습니다. 바울은 성령을 근본적으로 구약이 대망한 새 언약의 영이자 새 창조의 영으로 이해하였습니다. 따라서 구약에 나타나는 성령에 대한 증거와 약속을 모르고서는 신약에 등장하는 성령의 핵심 사역과 특성을 간파할 수 없습니다.

성령은 구약 맨 앞부분에서부터 등장합니다. "하나님의 영은 수면 위에 운행하시니라"(창 1:2). 여기서 성령을 뜻하는 히브리 단어 '루아흐'는 바람, 호흡, 생기를 뜻합니다. 또 운행을 뜻하는 히브리 단어 '라하프'는 신명기에서 하늘을 맴도는 독수리의 모습을 묘사하는 데 사용되었습니다. "여호와께서 그를 황무지에서, 짐승이 부르짖는 광야에서 만나시고 호위하시며 보호하시며 자기의 눈동자같이 지키셨도다. 마치 독수리가 자기의 보금자리를 어지럽게 하며 자기의 새끼 위에 너풀거리며 라하프, hover 그의 날개를 펴서 새끼를 받으며 그의 날개 위에 그것을 업는 것같이 여호와께서 홀로 그를 인도하셨고 그와 함께한 다른 신이 없었도다"(신

성령이 임하시면 권능을 받고

32:10-12). 하나님이 새끼를 보호하는 독수리 또는 알을 품는 어미 새의 모습으로 묘사되었습니다.

이와 같이 하나님의 영이 혼돈에서 우주의 질서를 이끌어 내는 창조 사역에 개입하신 것입니다. 구약성경은 계속 성령이 하나님의 창조 사역에 참여하였음을 증거합니다. "주의 영을 보내어 그들을 창조하사 지면을 새롭게 하시나이다"(시 104:30). "하나님의 영이 나를 지으셨고 전능자의 기운이 나를 살리시느니라"(욥 33:4). 시편 33편은 하나님의 창조주 되심을 노래하면서 주의 말씀과 입김으로 모든 것이 창조되었다고 말합니다. "여호와의 말씀으로 하늘이 지음이 되었으며 그 만상을 그의 입 기운으로 이루었도다"(시 33:6). 입 기운은 '루아흐' 곧 성령을 뜻합니다. 이 구절은 창조 기사에서 성령과 "빛이 있으라"는 말씀이 공존했다는 사실을 보다 확실하게 밝혀 줍니다(창 1:3).

더 나아가, 구약의 성령은 창조하실 뿐 아니라 피조세계를 보존하십니다. 인간과 모든 생명체는 성령 곧 '루아흐' 안에서 숨 쉬며 존재합니다. 하나님이 성령을 거두어 가시면 그 생명은 끝납니다. "주께서 낯을 숨기신즉 그들이 떨고 주께서 그들의 호흡을 거두신즉 그들은 죽어 먼지로 돌아가나이다. 주의 영을 보내어 그들을 창조하사 지면을 새롭게 하시나이다"(시 104:29-30). 피조세계의 모든 존재와 질서는 끊

임없이 생명을 주시고 보존하시는 성령께 전적으로 의존합니다. 그래서 성령은 생명의 영입니다.[1]

성령은 구원의 영인 동시에 창조의 영

성령을 구원의 영으로만 이해하는 경향이 있는데, 성령은 우선적으로 **창조의 영**이라는 점을 잊지 말아야 합니다. 성령의 사역을 개인 영혼의 중생에만 제한한 채 온 피조세계 안에서 일하시는 성령의 전 포괄적인 사역을 간과하곤 합니다. 오늘날 성령 운동에서 나타나는 심각한 문제는 성령론적 개인주의입니다. 개인이 특별한 영적 체험을 하고 은사를 받는 것에 초점이 맞추어져 있습니다. 이런 현상은 영적 에고이즘, 교만과 엘리트주의를 초래하기 쉽습니다.

성령을 그저 구원의 영으로만 이해한다면 구원 자체를 제대로 이해할 수 없습니다. 구원하시는 성령의 사역에 관한 풍성한 내용을 파악하기 어렵습니다. 그러나 구원은 창조의 회복이며 새로운 창조입니다. 구원의 영은 창조의 영이 만드신 인간과 창조세계를 원래의 온전한 상태, 하나님이 보시기에 좋은 상태로 회복하실 뿐 아니라 더 업그레이드된 단계로 새롭게 창조하십니다. 구원의 영은 창조의 영이 창조 사역 뒤 완성하신 안식과 샬롬을 그리스도 안에서 회복하여 영원한 안식으로 들어가게 하십니다. 구원의 영은 창조의 영이 지으신 최초의 성전인 에덴을 복구하여 하나님이 충만히 임재하시는 새로운 성전 곧 새 하늘과 새 땅을 건설하십니다.

따라서 창조의 영과 구원의 영은 개념적으로 구별할 수 있지만 서로 분리될 수 없습니다. 창조의 영인 '루아흐'는 예수 그리스도의 구속을 통하여 인간의 죄로 말미암아 오염되고 파괴된 피조세계를 복구하고 갱신하는 구원의 영으로 역사하십니다.

2. 새 창조의 영

구약에서 시작되는 성령의 구원 사역

인간의 타락과 동시에 성령의 구원 사역은 시작됩니다. 성령은 인간의 타락으로 말미암아 와해되고 전복된 하나님의 창조 계획과 목적을 다시 성취해 가십니다. 범죄한 인류에게 주어진 최초의 복음은 창세기 3:15에 등장합니다. "내가 너로 여자와 원수가 되게 하고 네 후손도 여자의 후손과 원수가 되게 하리니 여자의 후손은 네 머리를 상하게 할 것이요 너는 그의 발꿈치를 상하게 할 것이니라." 구약에서의 성령 사역은 궁극적으로 사탄의 머리를 상하게 할 여자의 후손 곧 다윗의 씨로 오실 메시아를 준비하고 대망하는 것이라고 볼 수 있습니다. 구약의 모든 율법과 선지자의 증거는 결국 한 사람 곧 여자의 후손이 나타나는 것에 초점이 맞추어져 있습니다. 그래서 루터는 구약을 가리켜 아기 예수가 뉘인 구유manger라고 했습니다.[2]

땅에 죄가 가득 차자 성령이 인간을 떠나게 되었습니다. "여호와께서 이르시되 나의 영이 영원히 사람과 함께하지 아니하리니 이는 그들이 육신이 됨이라"(창 6:3). 성령이 타락한 인간을 떠나셨으나 여전히 특정한 사람들과 함께하셨습니다. 먼저 에녹과 노아와 함께하셨습니다. 또한 하나님이 죄와 저주로 뒤덮인 세상을 구원하고 복으로 충만하게 하시려는 계획을 가지고 아브라함을 부르셨습니다. 아브라함과 그 후손을 통하여 모든 민족이 복을 받게 될 것이라는 언약을 맺으셨습니다. 하나님이 아브라함을 부르신 것은 하나님의 구원 역사의 결정적인 출발점이라 할 수 있습니다. 하나님이 새 일을 시작하신 것이지요. 이 언약과 구원 계획이 구약과 신약 성경을 관통하는 거대한 언약의 물줄기를 형성하고 있습니다. 성령은 이 언약을 성취하는 영입니다.

성령은 아브라함과 맺은 언약에 근거하여 이스라엘 백성과 함께하셨습니다. 그들을 애굽의 속박에서 구원하시고 광야에서 인도하셨습니다. "그들을 깊음으로 인도하시되 광야에 있는 말같이 넘어지지 않게 하신 이가 이제 어디 계시냐.

성령이 임하시면 권능을 받고

여호와의 영이 그들을 골짜기로 내려가는 가축같이 편히 쉬게 하셨도다. 주께서 이와 같이 주의 백성을 인도하사 이름을 영화롭게 하셨나이다 하였느니라"(사 63:13-14). 성령은 광야에서 구름기둥과 불기둥이라는 상징을 통해 이스라엘 가운데 현존하셨습니다. 성막과 성전은 이스라엘 백성 가운데 성령이 함께하신다는 것을 나타내는 표상이었습니다. 성령은 하나님의 마음에 합한 다윗을 왕으로 기름부으셨습니다(삼상 16:13). 그를 통해 다윗의 씨로 오실 메시아의 왕국을 예비하신 것입니다. 구약에서 성령은 주로 선지자, 제사장, 왕 위에 임하여 이스라엘 가운데 세 직분을 온전히 성취할 한 사람의 등장을 예비하셨습니다.

새 언약과 새 창조를 이루시는 성령

성령은 이스라엘 백성의 거듭되는 불순종과 반역에도 불구하고 그들과의 언약을 계속 갱신하며 메시아를 통해 임할 종말론적인 구원을 성취해 가십니다. 이스라엘이 멸망하고 이방의 포로가 되어 모든 소망이 끊어졌을 때, 그들을 회복하신다는 하나님의 놀라운 약속이 주어집니다. 그 대표적인 것이 **새 언약**입니다. "여호와의 말씀이니라. 보라, 날이 이르리니 내가 이스라엘 집과 유다 집에 새 언약을 맺으리라. 이 언약은 내가 그들의 조상들의 손을 잡고 애굽 땅에서 인도하여 내던 날에 맺은 것과 같지 아니할 것은 내가 그들의 남편이 되었어도 그들이 내 언약을 깨뜨렸음이라. 여호와의 말씀이니라. 그러나 그날 후에 내가 이스라엘 집과 맺을 언약은 이러하니 곧 내가 나의 법을 그들의 속에 두며 그들의 마음에 기록하여 나는 그들의 하나님이 되고 그들은 내 백성이 될 것이라. 여호와의 말씀이니라"(렘 31:31-33).

이스라엘과 유다가 하나님이 친히 다스리는 백성이 되며 열방을 축복하는 제사장 나라가 되게 하시려는 하나님의 뜻에 역행하여 이방의 저주가 된 것은 그들의 불순종의 마음 때문이었습니다. 그런데 새 언약은 하나님의 통치를 거부하는 완악한 불순종의 마음을 변화시켜 하나님의 법이 새겨진 새 마음을 창조한다는 것입니다. 에스겔은 이 **새 창조**를 이루는 성령을 예언하였습니다. "또 새 영을 너희 속에 두고 새 마음을 너희에게 주되 너희 육신에서 굳은 마음을 제거하고 부드러운 마음을 줄 것이며 또 내 영을 너희 속에 두어 너희로 내 율례를 행하게 하리니 너희가 내 규례를 지켜 행할지라"(겔 36:26-27).

이 말씀에 바로 이어지는 에스겔 37장에는 에스겔 골짜기의 환상이 기록되어 있습니다. 골짜기에 가득한 마른 뼈는 영적으로 피폐해진 이스라엘의 상태를 상징합니다. 그 골짜기에 사방에서 생기가 불어와 마른 뼈들이 살아나 큰 군대가 일어나는 환상은 이스라엘이 회복될 것을 예언한 것입니다. 더 나아가 에스겔서에는 성전에서 떠난 하나님의 영광이 다시 회복되어 성전을 충만하게 하며(겔 44장), 성전 문지방에서 생명수가 흘러나와 강을 이루고 물이 흘러가는 곳마다 생명의 역사가 일어나는 환상이 등장합니다. 그래서 이스라엘의 모든 지파가 회복되고 확장될 것을 전망하였습니다(겔 48장). 이와 같이 에스겔은 성령의 새 창조 사역이 인간의 심령을 변혁시키는 데서 시작하여 온 이스라엘과 세상에 거대한 규모로 확산될 것을 예언한 것입니다.

예수님은 구약이 대망한 새 언약의 중보자로 오셨습니다. 주님은 이사야가 예언한 고난의 종으로서 옛 언약, 율법의 저주를 친히 담당하시고(사 53:3-12, 갈 3:13) 새 언약을 성취하셨습니다. 최후의 만찬에서 주님은 잔을 드시고 "이 잔은 내 피로 세운 새 언약이니"라고 말씀하셨습니다(고전 11:25). 오순절에 강림한 성령은 예수님이 성취하신 새 언약을 우리 안에 실현하는 영입니다. 그래서 우리 심령을 새롭게 하는 영이지요. 신약에서 바울의 성령 이해는 새 언약에 관한 선지서의 말씀에 깊이 뿌리내리고 있습니다. 바울에게 성령은 근본적으로 새 언약의 영인 동시에 새 창조의 영입니다.

이사야는 다윗의 자손으로 오실 메시아 위에 성령이 임하실 것이라고 예언하였습니다. "이새의 줄기에서 한 싹이 나며 그 뿌리에서 한 가지가 나서 결실할 것이요 그의 위에 여호와의 영 곧 지혜와 총명의 영이요 모략과 재능의 영이요 지식과 여호와를 경외하는 영이 강림하시리니"(사 11:1-2). 오실 메시아는 다윗 같은 왕인 동시에 모세와 같은 선지자이십니다. "네 하나님 여호와께서 너희 가운데 네 형제 중에서 너를 위하여 나와 같은 선지자 하나를 일으키시리니 너희는 그의 말을 들을지니라"(신 18:15). 동시에 메시아는 모세와 같은 해방자이십니다. 이사야서에 기록된 여호와 종의 노래에서, 오실 메시아는 아름다운 소식을 전하는 해방자이십니다. "주 여호와의 영이 내게 내리셨으니 이는 여호와께서 내게 기름을 부으사 가난한 자에게 아름다운 소식을 전하게 하려 하심이라. 나를 보내사 마음이 상한 자를 고치며 포로된 자에게 자유를, 갇힌 자에게 놓임을 선포하며 여호와의 은혜의 해와 우리 하나님의 보복의 날을 선포하여 모든 슬픈 자를 위로하되"(사 61:1-2).

구약에서 성막과 성전의 모형, 그리고 다양한 사역과 사람들을 통해 역사한 성령은 메시아의 사역으로 집결됩니다. 구약의 많은 지도자, 선지자, 제사장은 한 사람의 오심을 예비하였습니다. 그리고 마침내 그 한 성령의 사람으로 인해 많은 성령의 사람이 탄생하게 됩니다. 예수 그리스도로 말미암아 성령이 모든 육체에 부어질 것입니다. 요엘은 마지막 때에 성령이 모든 육체에 임할 것이라고 예언했습니다. "그 후에 내가 내 영을 만민에게 부어 주리니 너희 자녀들이 장래 일을 말할 것이며 너희 늙은이는 꿈을 꾸며 너희 젊은 이는 이상을 볼 것이며 그때에 내가 또 내 영을 남종과 여종에게 부어 줄 것이며"(욜 2:28-29).

결론적으로, 구약의 성령은 근본적으로 예수 그리스도와 그 안에서 임할 하나님 나라를 궁극적인 목표로 지향합니다. 성령은 이스라엘 백성 가운데 역사하여 메시아를 통한 하나님 나라를 건설하는 기반을 닦는 작업을 했다고 볼 수 있습니다. 따라서 구약에서의 성령 사역은 종말론적이면서 그리스도 중심적입니다. 이사야, 에스겔, 요엘 등의 선지자들은 이스라엘 백성에게 부분적이고 제한적으로 주어졌던 성령이 더욱 풍성하고 보편적으로 주어질 은혜의 시대가 도래할 것을 대망하였습니다.

1 여러분은 성령을 얼마나 알고 있습니까? 또한 얼마나 체험하고 있습니까?

2 성령은 '구원의 영'인 동시에 '창조의 영'입니다. 혹시 성령을 우리 개인을 구원하는 영으로만 이해하고 있지는 않습니까? 성령은 개인뿐 아니라 죄로 오염되고 파괴된 창조세계를 회복하고 갱신하는 영이라는 사실에 관하여 나누어 봅시다.

3 구약에서부터 시작된 성령의 구원 사역은 특별히 누구와의 언약을 통해서 진행됩니까?

4 성령은 이스라엘을 광야에서 인도하실 때 어떤 상징을 통해 그들 가운데 현존하셨습니까? 또한 그 상징이 어디에 다시 나타났습니까?

5 성령이 이루시는 새 언약과 새 창조의 내용은 무엇입니까?

6 구약의 모든 성령의 사역은 결국 누구에게 집결됩니까?

2장

예수님에게 임한
성령

1. 성령의 담지자

기름부음 받으신 메시아

복음서는 구약이 오래 대망한 한 사람 곧 여자의 후손이며
다윗의 씨로 오실 메시아 위에 임한 성령을 증거합니다. 예
수님이 처음부터 성령에 의해 잉태된다는 사실이 잘 나타나
있습니다. "천사가 대답하여 이르되 성령이 네게 임하시고
지극히 높으신 이의 능력이 너를 덮으시리니 이러므로 나실
바 거룩한 이는 하나님의 아들이라 일컬어지리라"(눅 1:35).
누가는 성령이 수면 위를 덮고 운행하셨다는 창조의 기사(창

1:2)를 연상하게 하는 동사 '덮으시리니'에피스키아조, overshadow 를 사용하였습니다. 거기에는 성령에 의한 예수님의 잉태를 첫 창조와 대비되는 성령의 새 창조로 묘사하려는 의도가 깃들어 있다고 보기도 합니다.

예수님은 구약에 예언된 메시아로서 성령의 기름부음을 받으셨습니다. 사복음서가 모두 세례 시에 예수님에게 성령이 임한 사건을 기록하였습니다. "하늘로부터 소리가 나기를 너는 내 사랑하는 아들이라. 내가 너를 기뻐하노라 하시니라"(막 1:11). 이 말씀에는 시편 2:7과 이사야 42:1-2이 함께 인용되어 있습니다. 이는 예수님이 구약의 예언을 따라 다윗의 왕위를 이어 이스라엘과 이방을 다스리는 여호와의 종으로 택하심을 받아 기름부음을 받은 것을 뜻합니다.

예수님 위에 임한 성령은 그를 광야로 몰아가셨습니다. "성령이 곧 예수를 광야로 몰아내신지라"(막 1:12). 누가는 특별히 예수님이 광야 시험을 받으시기 전에 성령으로 충만함을 입으셨다고 명시함으로(눅 4:1), 예수님이 성령의 권능으로 마귀의 시험을 이기셨음을 증언했습니다. 예수님은 과거 광야에서 하나님을 반역하고 성령을 근심하게 한 이스라엘과는 대조적으로, 끝까지 하나님께 신실함으로 시험을 이긴 새로운 이스라엘의 본이 되셨습니다. 예수님은 성령의 능력으로 적진으로 들어가 적에게 붙잡혀 포로가 된 자신의

백성을 구원하는 신적 용사의 모습을 보이셨습니다.[1]

예수님은 시험받으신 뒤 성령의 능력으로 갈릴리로 돌아가셨습니다. 그리고 나사렛에서 회당에 들어가 구약성경을 펴서 읽으셨습니다. "주의 성령이 내게 임하셨으니 이는 가난한 자에게 복음을 전하게 하시려고 내게 기름을 부으시고 나를 보내사 포로 된 자에게 자유를, 눈먼 자에게 다시 보게 함을 전파하며 눌린 자를 자유롭게 하고 주의 은혜의 해를 전파하게 하려 하심이라 하였더라"(눅 4:18-19). 기름부음 받을 메시아를 예언한 이사야 61:1-2를 주님이 읽으신 것입니다. 이는 자신이 메시아로서 앞으로 이러이러한 사역을 하겠다고 선포하신 것입니다.

성령은 메시아 사역을 위한 능력

복음서는 그 말씀대로 주님이 하나님 나라를 전하고, 귀신 들린 자를 자유롭게 하며, 병든 자를 고치시는 사역을 기록하였습니다. 이 세 가지 사역은 하나로 연결되어 있습니다. 하나님 나라 복음의 구체적인 표현으로 축사와 치유가 수반된 것입니다. 주님이 전하신 하나님 나라의 구체적인 내용은 종말론적인 회복과 구원입니다. 그 복음대로 죄와 사탄의 세력에 속박된 이들이 해방되며, 죄로 망가진 인생들이 치유되어 온전한 상태로 회복된 것입니다. 그래서 치유와 하나님 나라의 도래가 긴밀하게 연결되어 있습니다. "하나님의 나라를 전파하며 앓는 자를 고치게 하려고 내보내시며"(눅 9:2). "거기 있는 병자들을 고치고 또 말하기를 하나님의 나라가 너희에게 가까이 왔다 하라"(눅 10:9).

주님은 귀신을 쫓아내는 사역도 하나님 나라가 임하는 표징이라고 했습니다. "그러나 내가 하나님의 성령을 힘입어 귀신을 쫓아내는 것이면 하나님의 나라가 이미 너희에게 임하였느니라"(마 12:28). 이어지는 말씀은 주님이 이스라엘을 포로됨에서 해방할 강력한 해방자로서 역할을 하심을 뜻합니다. "사람이 먼저 강한 자를 결박하지 않고서야 어떻게 그 강한 자의 집에 들어가 그 세간을 강탈하겠느냐. 결박한 후에야 그 집을 강탈하리라"(마 12:29). 또한 새로운 출애굽에 대한 소망이 실현됨을 상징합니다. 누가의 표현에서 이런 출애굽 주제가 더 확연하게 나타납니다. "그러나 내가 만일 하나님의 손을 힘입어 귀신을 쫓아낸다면 하나님의 나라가 이미 너희에게 임하였느니라"(눅 11:20).

복음서 저자 중에서 성령을 가장 많이 언급한 누가가 성령을 하나님의 손으로 대체했다는 사실이 특이합니다. 여기에는 예수님의 축사 사역을 새로운 출애굽으로 묘사하려는 의도가 깃들어 있다고 봅니다. 하나님이 능하신 손으로 이스라엘을 애굽의 속박에서 구원하셨듯이, 예수님을 통해 우리를 죄와 사탄의 결박에서 해방하신다는 것입니다. 이런 배경에서 성령을 훼방하는 죄의 심각성에 대한 주님의 말씀을 이해해야 합니다(마 12:31-33). 주님이 구약의 오랜 소망인 하나님의 구원(해방) 사역을 귀신의 일이라고 왜곡하는 사악함을 지적한 것이지요. 육신의 예수님을 거역한 사람들은 오순절에 임한 성령의 은혜로 회개하였습니다. 그러나 회개하게 하는 성령을 끝내 훼방하는 이들은 더 이상 구원의 희망이 없습니다.

십자가 고난을 감당하는 능력

예수님은 이사야 61:1-2의 예언대로 기름부음을 받은 메시아로서 구약의 오랜 소망을 성취하셨습니다. 그분은 이스라엘을 속박에서 해방하는 모세와 같은 선지자, 해방자의 역할을 하셨습니다. 동시에 온 땅 위에 하나님의 왕권을 수립하는 다윗과 같은 왕적 메시아 역할을 하셨지요. 이와 같이 예수님은 권능의 메시아 역할을 하셨습니다. 그럼에도 그분의 메시아 사역의 궁극적인 목표는 고난의 종으로 죽는 것이었습니다. 마태·마가·누가복음을 아우르는 복음서에서는 성령의 영광과 권능이 예수님과 함께하는 기사가 고난의 그림자에 의해 점차 가려집니다.[2] 그리고 고난받는 메시아가 전면에 부각됩니다. 예수님은 십자가에서 죽기까지 처절하게 약해지셨습니다. 그러나 이 십자가의 무능에서 인간과 세상을 구원하는 하나님의 놀라운 지혜와 능력이 최대로 드러납니다.

예수님은 권능 있는 사역뿐 아니라 십자가에서 처참하게 죽임당하는 무력함까지도 성령의 능력과 도우심으로 감당하셨습니다. 그래서 히브리서 저자는 이렇게 말합니다. "하물며 영원하신 성령으로 말미암아 흠 없는 자기를 하나님께 드린 그리스도의 피가 어찌 너희 양심을 죽은 행실에서 깨끗하게 하고 살아 계신 하나님을 섬기게 하지 못하겠느냐"(히 9:14). 또한 성령이 장사 지낸 바 된 예수님을 다시 살리셨습니다(롬 1:4; 8:11, 벧전 3:18).

따라서 하나님의 아들이 인간의 육체를 입으시고 메시아 사역을 수행하시며, 결국 죽으시고 부활하신 것은 모두 성령의 능력으로 이루어진 것입니다. 성령은 예수님께 임해 그분의 중보 사역을 감당하게 한 하나님의 영이셨습니다.

2. 성령의 수여자

예수님은 유일한 성령의 사람

공관복음서에는 예수님만이 온전한 의미에서 성령의 사람으로 묘사되어 있습니다. 누가복음 1-2장에 등장하는 사가 랴, 마리아, 엘리사벳, 시므온도 성령의 충만을 받거나 성령의 감동을 받았다고 언급되지만, 이들에게 임한 성령은 전형적인 구약 시대 성령 사역의 특징을 띱니다. 즉 오실 메시아를 예언하는 영이 마지막으로 그들에게 임하신 것입니다. 그 외에는 누구에게도 성령이 임하셨다는 언급이 없습니다.

또한 주님이 "아버지께서 구하는 자에게 성령을 주시지 않겠느냐"(눅 11:13)고 하신 말씀을 살펴볼 수 있는데, 그 말씀이 앞으로 오순절에 성령을 주실 것을 염두에 두고 하신 말씀인지, 아니면 그 당시에도 성령을 주실 수 있었다는 말씀인지에 대해 견해가 갈립니다. 그러나 두 해석 모두 가능합니다. 주님 당시에도 주님이 성령의 은혜를 수여하셨다고 볼 수 있습니다. 주님 자신이 성령으로 충만한 새로운 성전이었습니다. 주님의 말씀을 통해 성령이 역사했고, 주님의 치유와 축사 사역을 통해 성령의 능력이 나타났습니다. 그러니 주님의 말씀과 사역을 통해 사람들이 성령의 은혜를 받을 수 있었던 것이지요.

그럼에도 주님은 아직 온전한 의미에서 성령의 선물을 수여하실 수 없었습니다. 고난과 부활을 거쳐 메시아 사역을 완료하신 뒤에 비로소 수여하실 수 있었기 때문입니다. 주님이 **성령의 담지자**The bearer of the Spirit로서 중보 사역을 완수하신 뒤에 **성령의 수여자**The sender of the Spirit 역할을 하실 수 있었습니다. 그런 면에서 복음서 저자들은 성령을 언급할 때 세심한 주의를 기울였습니다. 전체적으로 성령이란 단어를 많이 쓰지 않았을 뿐 아니라, 주로 예수님에게 국한해서 사용했습니다. 복음서 저자들은 초대교회에서 누렸던 풍성한 성령 체험의 관점을 복음서에 투사하여 제자들의 사역을 묘사하지 않았습니다. 사도행전처럼 제자들을 성령으로 충만한 사람으로 증언하지 않았다는 말입니다. 복음서는 성령의 기름부음을 받은 한 사람 곧 예수님의 메시아 사역에 초점을 맞추었고, 예수님의 대속 사역이 종료된 뒤에야 제자들과 많은 사람들에게 성령이 주어졌다는 사실을 암묵적으로 증거하고 있습니다.

예수님이 가셔야만 오시는 성령

요한복음은 공관복음보다 더 명시적으로 예수님의 메시아 사역이 완료되어야 성령이 임하신다는 사실을 증거합니다. "이는 그를 믿는 자들이 받을 성령을 가리켜 말씀하신 것이라. (예수께서 아직 영광을 받지 않으셨으므로 성령이 아직 그들에게 계시지 아니하시더라)"(요 7:39). 요한복음에 자주 등장하는 중요한 표현 곧 주님이 영광을 받으신다는 말씀은 주님의 구속 사역의 정점에 해당하는 사건인 십자가와 부활, 승천을 가리킵니다. 따라서 주님이 아직 영광을 받지 못했다는 말씀은 주님의 구속 사역이 종료되지 않았다는 뜻입니다. 다시 말해, 주님의 메시아 사역이 끝나야만 성령이 임하신다는 것입니다.

요한복음에서는 성령의 오심이 주님의 부활과 연결되기도 하지만, 더 분명하게 주님의 승천과 맞물려 있습니다. "그러나 내가 너희에게 실상을 말하노니 내가 떠나가는 것이 너희에게 유익이라. 내가 떠나가지 아니하면 보혜사가 너희에게로 오시지 아니할 것이요 가면 내가 그를 너희에게로 보내리니"(요 16:7). 주님의 말씀에 따르면, 성령의 오심에 반드시 선행되어야 하는 것은 주님의 가심 곧 아버지께 올라가심입니다. 다시 말해, 주님이 승천하셔야만 성령이 강림하십니다.

요한복음은 성령의 오심에 대한 기독론적인 토대를 분명하게 밝힙니다. 성령의 오심은 완료된 예수님의 구속 사역에 근거한다는 것입니다. 그와 동시에 요한복음은 성령 사역의 근본 특성은 그리스도 중심적임을 증거합니다. "그러나 진리의 성령이 오시면 그가 너희를 모든 진리 가운데로 인도하시리니 그가 스스로 말하지 않고 오직 들은 것을 말하며 장래 일을 너희에게 알리시리라. 그가 내 영광을 나타내리니 내 것을 가지고 너희에게 알리시겠음이라"(요 16:13-14). 성령은 자신을 드러내지 않고 예수님의 영광을 드러내는 특성을 가졌습니다.

예수님이 약속하신 보혜사

요한복음 14-16장에 기록된 예수님의 고별 메시지에는 보혜사에 관한 말씀이 다섯 군데에 등장합니다(요 14:15-17, 25-26, 15:26, 16:7-11, 12-15). 보혜사의 의미에 대해 많은 견해가 있습니다. '변호자'Advocate, '위로자'Comforter, '권위자'Exhorter, '돕는 이'Helper, '상담자'Counsellor 등 다양한 의미로 이해할 수 있습니다. 어떤 학자는 원어 '파라클레토스'를 번역하지 말고 그대로 놔두는 것이 가장 정확하다고 말합니다. 그 의미를 온전히 전달할 수 있는 용어를 찾기 어렵다는 것입니다.

성령을 가리켜 "또 다른 보혜사"(요 14:16)라고 한 것은 예수님이 첫 번째 보혜사임을 암시합니다. 첫 번째와 두 번째 보혜사는 서로 평행을 이룹니다. 성령님도 예수님처럼 아버지께 보냄을 받았습니다. 제자들을 가르치고 인도하며 죄를 책망하고 세상을 정죄하십니다. 예수님처럼 성령님도 세상에서 배척당하십니다.

보혜사 성령은 예수님을 대체하는 역할을 하며, 영광을 받으신 그리스도와 성부의 임재를 제자들에게 중재하는 역할을 합니다. 그러나 성령은 단순히 예수님의 대리자Substitute

일 뿐 아니라, 신자와 교회 안에 계신 예수님의 인격적인 임재입니다. "내가 너희를 고아와 같이 버려두지 아니하고 너희에게로 오리라. 조금 있으면 세상은 다시 나를 보지 못할 것이로되 너희는 나를 보리니 이는 내가 살아 있고 너희도 살아 있겠음이라. 그날에는 내가 아버지 안에, 너희가 내 안에, 내가 너희 안에 있는 것을 너희가 알리라"(요 14:18-20). 성령을 통해 부활하신 주님과 하나님이 교회와 신자 안에 거하신다는 것입니다(요 14:23).

육신을 입은 예수님은 제자들 곁을 떠났지만, 신비하게도 부활하신 주님이 성령을 통하여 그들 안으로 들어오셨습니다. 예수님이 더 탁월한 방식으로 그들과 함께하시게 된 것입니다. 육신을 입은 예수님의 가시적이고 지역적인 임재가, 성령을 통한 부활하신 그리스도의 비가시적이고 우주적인 임재로 대체된 것입니다.

1 예수님은 구약에 예언된 메시아로서 성령의 기름부음을 받았습니다. 예수님이 성령으로 충만하신 뒤 바로 겪었던 일은 무엇입니까? 그 시험이 의미하는 바는 무엇입니까? 이와 같이 은혜를 받은 뒤 시험받은 경험이 있다면 나누어 봅시다.

2 예수님이 성령을 힘입어 귀신을 쫓아내는 사역이 나타내는 표징은 무엇입니까?

3 예수님은 권능 있는 사역뿐 아니라 십자가 고난과 죽음도 성령의 능력으로 감당하셨습니다. 예수님이 십자가에서 죽기까지 약해지심이 역설적으로 우리를 구원하는 능력이 된다는 사실에 대해 나누어 봅시다.

4 예수님은 '성령의 담지자'이셨다가 '성령의 수여자'가 되셨습니다. 예수님이 성령을 수여하시기 위해 반드시 선행되어야 할 일은 무엇이었습니까?

5 '보혜사' 성령이라는 말에 어떤 의미가 담겨 있는지 나누어 봅시다.

3장

오순절에 임한 성령

1. 오순절의 표적

급하고 강한 바람

오순절에 모인 사람들 가운데 홀연히 하나님의 영이 임하셨습니다. 하나님이 이 세상을 구원하시기 위해 행하신 두 가지 큰일은 그분의 아들을 인간으로 보내시고 성령을 보내신 것입니다. 예수님이 탄생하셨을 때, 목자들에게 천사가 나타나고 수많은 천군이 그 천사와 더불어 하나님을 찬송했습니다. 성령이 오실 때도 **세 가지 표적**이 동반되었습니다.

우선, "홀연히 하늘로부터 급하고 강한 바람 같은 소리가 있어 그들이 앉은 온 집에 가득"(행 2:2)하였다고 말합니다. 정말 강한 바람이 분 것이 아니라 그런 소리가 났다는 것입니다. 강한 바람 같은 소리는 첫 창조 시 운행하신 하나님의 영 '루아흐'를 연상하게 합니다(창 1:2). 또 마른 뼈가 가득한 골짜기에 사방에서부터 생기가 불어와 뼈들이 살아나는 에스겔의 예언을 떠오르게 합니다.[1] 누가는 이런 이미지를 통해 에스겔 골짜기의 마른 뼈같이 영적으로 죽은 이스라엘이 회복되기 시작함을 증언하려던 것으로 보입니다.

주님도 인간을 거듭나게 하는 성령의 새 창조의 역사를 바람으로 비유하였습니다. 니고데모에게 이렇게 말씀하셨지요. "바람이 임의로 불매 네가 그 소리는 들어도 어디서 와서 어디로 가는지 알지 못하나니 성령으로 난 사람도 다 그러하니라"(요 3:8). '바람'은 생명을 불어넣는 성령의 새 창조가 신비하면서도 주권적임을 뜻합니다. 또 "급하고 강한 바람"은 힘을 상징합니다. 태풍의 힘이 얼마나 막강한가요. 주님은 성령이 임하면 그와 같이 강력한 권능을 받는다고 하셨습니다.

불의 혀

두 번째로 "마치 불의 혀처럼 갈라지는 것들이 그들에게 보여 각 사람 위에 하나씩 임하여 있더니"라고 했습니다(행 2:3). 세례 요한이 나는 물로 세례를 베풀거니와 예수님은 성령과 불로 세례를 베푸실 것이라고 했는데(눅 3:16), '불'은 심판과 정화를 의미합니다. 바람과 불의 상징은 하나님이 율법을 주시기 위해 시내산에 강림한 사건과 관련이 있습니다. 시내산에 하나님이 강림하실 때 비슷한 현상이 나타났는데, 하나님이 "우레와 번개와 빽빽한 구름" 및 "불 가운데" 나타나셨습니다(출 19:16-18). 시내산에 하늘의 지성소가 내려온 것이지요. 오순절에 성령이 오신 것도 하늘 지성소가 우리 가운데 내려온 것입니다.

하나님이 시내산에 강림하실 때 산 밑의 이스라엘 백성이 근접하지 못하게 했습니다(출 19:21). 그 산에 가까이 오는 자는 죽임을 당했지요. 시내산에 임한 지성소는 죄인이 범접할 수 없는 곳이었습니다. 그러나 오순절에 임한 지성소는 죄인들이 죽지 않고도 자유롭게 들어갈 수 있는 곳입니다. 주님이 십자가에서 죽으심으로 우리가 그 지성소로 들어갈 수 있는 길이 열린 것입니다. 죄인을 향해 맹렬하게 타오르는 진노의 불이 십자가에 달린 예수님 위에 떨어졌기에 우리에게는 심판의 불이 아니라 사랑과 은혜의 불, 성령의 불이 떨어진 것입니다. 주님이 우리 대신 심판의 불세례를 받으셨기에 우리가 우리 죄를 정결하게 하는 성령의 불세례를 받게 된 것입니다. 우리는 예수님의 피를 의지하여 우리 가운데 임한 지성소에 들어가 하나님을 대면합니다.

성령이 불의 혀 같은 상징으로 임하신 것은 또한 하나님의 계시적인 임재를 뜻합니다. 하나님이 단순히 임재하실 뿐 아니라 우리에게 자신을 계시하시고 말을 거십니다. 시내산에서도 하나님이 불 가운데 말씀하셨지만, 이스라엘 백성은 두려워서 그것을 감당할 수 없었습니다. 그들은 모세에게 "하나님이 우리에게 말씀하시지 말게 하소서. 우리가 죽을까 하나이다"라고 했습니다(출 20:19). 시내산에서는 하나님이 돌판에 새긴 율법을 통해 말씀하셨습니다. 그러나 오순절에 임한 불의 혀는 돌판이 아니라 우리 마음판에 새겨지는 새 언약으로 말씀하십니다. 그것은 우리에게 심판과 저주를 선언하는 두려운 말씀이 아니라, 죄인들을 죄 용서와 구원의 은혜로 부르는 부드러운 복음의 음성입니다. 그래서 오순절에 이 복음을 믿은 이들에게는 율법 아래 두려움 대신 성령의 기쁨과 담대함이 있었습니다(행 2:46-47).

방언

오순절의 세 번째 사인은 방언이었습니다. "그들이 다 성령의 충만함을 받고 성령이 말하게 하심을 따라 다른 언어들로 말하기를 시작하니라"(행 2:4). 오순절에 모인 사람들이 각 나라의 방언으로 복음을 들은 것은 바벨의 저주의 반전이라고 볼 수 있습니다. 사도행전 2:9-11에 등장하는 각 나라의 목록은[2] 창세기 11장 바벨의 저주에 바로 이어 기록된 나라의 목록과 평행을 이룹니다. 오순절에 죄의 결과가 역전되는 종말론적인 회복의 은혜가 나타나는 공동체가 탄생한 것입니다. 방언을 가리켜 각 나라 방언을 말하는 기적이라고 보는가 하면, 듣는 기적이라는 견해도 있습니다. 방언은 교회의 선교적인 사명을 잘 드러냅니다. 바벨에서 언어가 인간이 연합하여 하나님을 반역하고 인간의 왕국을 세우는 방편이었다면, 오순절에는 인류가 하나가 되어 하나님을 섬기며 하나님 나라를 확장하는 방편이 되었습니다.

방언은 언약 백성에 대해 하나님이 예고하신 심판이기도 합니다. 이사야는 "더듬는 입술과 다른 방언으로 그가 이 백성에게 말씀하시리라"고 했는데(사 28:11), 이는 끝내 믿지 않는 완고한 이스라엘 백성에게 심판을 예고한 것입니다. 주님도 하나님 나라가 그들에게서부터 모든 민족 가운데 주를 부르는 자들에게 옮겨질 것이라고 하셨습니다. "그러므로 내가 너희에게 이르노니 하나님의 나라를 너희는 빼앗기고 그 나라의 열매 맺는 백성이 받으리라"(마 21:43). 오순절 성령 강림은 유대인들의 배타주의를 심판하는 보편주의적 성격을 띠었습니다. 사도행전에서 누가는 종말에 이방인들이 정결하게 되어 하나님의 언약 백성으로 유입될 것이라는 구약의 예언과 소망이 성취됨을 증언한 것입니다.

2. 성령의 선물

오순절은 유대 축제일로 유월절 후 50일째 되는 날이자 추수기가 끝난 것을 기념하고 감사하는 절기였습니다. 오순절 성령의 강림은 구약에서 오래 대망한 영적 수확의 첫 열매이며 새 창조의 시작입니다.

복음서가 한 사람 곧 기름부음을 받은 메시아에게 초점을 맞추었다면, 사도행전은 그분의 사역으로 말미암아 **성령의 선물**을 받은 많은 사람들을 조명했습니다. 복음서가 성령으로 충만한 유일한 분의 사역을 증거했다면, 사도행전은 성령 충만한 많은 사람들의 행적을 기록했습니다. 따라서 복음서의 주인공이 성령으로 충만했던 한분 예수님이라면, 사도행전의 주인공은 성령으로 충만했던 제자들과 많은 사람들입니다.

누가의 성령 이해는 우선적으로 구약 성령론에 뿌리를 내리고 있습니다. 그는 사도행전에서 펼쳐지는 한 사람에서 많은 사람들로 확산되는 운동One to many movement은 구약에서 진행된 많은 사람들이 한 사람에게 집결되는 운동many to One movement에 기초한 것으로 보았습니다. 앞에서 밝힌 바와 같이, 성령의 감동을 받은 많은 선지자들과 구약의 인물들은 한 사람 곧 여자의 후손이며 다윗의 씨로 오실 메시아를 가리키고 그 길을 준비하는 사역을 하였습니다. 또 선지자들은 이 메시아로 인해 많은 사람들에게 성령이 주어질 것을 예언하였지요. 누가는 오순절에 성령이 임하심으로 이 구약의 말씀이 성취되었음을 밝혔습니다. 오순절에 베드로는 말세에 하나님의 영이 모든 육체에 부어질 것이라는 요엘의 예언(욜 2:28-29)이 마침내 이루어진 것이라고 설교했습니다 (행 2:16-18).

성령이 구약에서 선지자들에게 임해 오실 메시아를 예언하게 했다면, 오순절 이후에는 제자들에게 오셨다 가신 예수님을 증거하게 하셨습니다. 이렇게 성령이 예수님을 증거하는 영이라는 점에서 신구약 성령 사역의 연속성이 있습니다. 서로 다른 점은 구약에서 앞으로 임할 메시아와 그분의 왕국을 예언했던 성령이, 오순절 이후에는 이미 오신 예수와 그 안에 도래한 하나님 나라를 증거하신다는 것입니다. 그와 더불어 구약에서 선지자들과 특정한 사람들에게 제한되었던 성령이, 오순절 이후에는 모든 믿는 자에게 보편적으로 주어진다는 점입니다.

선물의 선물

사도행전에서 베드로는 성령을 가리켜 선물이라고 했습니

다. "베드로가 이르되 너희가 회개하여 각각 예수 그리스도의 이름으로 세례를 받고 죄 사함을 받으라. 그리하면 성령의 선물을 받으리니"(행 2:38, 8:20, 11:17). 요한복음에서는 주님이 아버지께 가면 성령을 보낼 것이라고 하셨습니다(요 16:7). 그것은 예수님이 부활 승천하심으로 구속 사역을 완료한 뒤에야 성령을 보내신다는 뜻입니다. 따라서 성령의 선물은 예수님이 다 이루신 메시아 사역에 근거합니다. 바울도 성령을 새 언약을 성취한 예수 그리스도 구속 사역의 바탕 위에서 주어지는 선물로 보았습니다(고후 1:22, 갈 3:2-5, 엡 1:13). 예수님이 그 모든 대가를 치르셨기에 성령이 우리 죄인들에게 값없이 주어지는 선물이 된 것입니다.

예수님도 우리 죄인들에게 주신 하나님의 선물입니다. 성령은 예수님으로 인해 우리에게 주어지는 선물입니다. 성령은 첫 번째 선물인 예수님의 고난 덕분에 주어진 두 번째 선물입니다. 예수님이 선물the gift이라면, 성령은 **선물의 선물**the gift of gift인 셈이지요. 하나님이 선물 위에 선물을 주셨습니다. 이 두 가지 선물 중 어느 하나만 받을 수는 없습니다. 두 번째 선물인 성령을 받아야 첫 번째 선물인 예수님 안에 담긴 모든 좋은 것을 누릴 수 있습니다. 또한 예수님이 십자가에서 고난받으시고 부활하심으로 이루신 모든 구원의 은혜를 풍성히 누릴 수 있습니다.

예수님이 이 땅에 고난받으러 오셨다면, 성령님은 그 고난의 열매와 혜택과 은총을 우리에게 안겨 주기 위해 오셨습니다. 다시 말해, 우리에게 선물 보따리를 안고 오시는 분입니다. 예수님이 고난의 종이었다면, 성령은 충만한 은혜와 기쁨의 영입니다. 첫 번째 선물인 예수님에 대해서는 잘 알고 믿는 것 같은데, 두 번째 선물인 성령을 누리지 못하는 교인들이 있습니다. 그러면 예수님도 제대로 알지 못할 뿐 아니라 예수님의 구속 사역으로 이루신 은총과 선물도 누리지 못합니다. 구원의 목적과 뜻이 그 사람 안에 이루어지지 않습니다.

3. 오순절 전후 성령 사역의 차이

신구약의 성령은 하나님의 영인 동시에 그리스도의 영

오순절에 교회에 임한 성령이 그 전에 일하셨던 성령과 다른 점은 무엇일까요? 구약에도 성령이 계셨고 역사하셨다면, 오순절에 성령이 오셨다는 말씀을 어떻게 이해해야 할까요? 성령 안에 어떤 본질적인 변화가 일어났다고 볼 수는 없습니다. 그보다는 같은 성령이지만 예수 그리스도의 구속을 통해 그 사역이 더욱 새로워지고 풍성해졌다는 관점에서 그 **차이**를 이해해야 합니다.

구약에 역사했고 예수님께 임했으며 오순절에 강림하신

성령은 **하나님의 영**이라는 점에서 동일합니다(도표 참조). 삼위일체의 관점에서 구약에서 일하셨던 성령도 하나님의 영인 동시에 **그리스도의 영**이라고 볼 수 있습니다. 베드로는 구약의 선지자들 안에 그리스도의 영이 거하셨다고 했습니다. "이 구원에 대하여는 너희에게 임할 은혜를 예언하던 선지자들이 연구하고 부지런히 살펴서 자기 속에 계신 그리스도의 영이 그 받으실 고난과 후에 받으실 영광을 미리 증언하여 누구를 또는 어떠한 때를 지시하시는지 상고하니라"(벧전 1:10-11). 구약에 계셨던 성령을 편의상 선재하신 그리스도가 함께한 영이라고 할 수 있습니다. 그리고 그 성령의 주된 사역은 메시아가 오심으로 새 언약이 성취될 것을 예언한 것이지요.

복음서는 구약의 예언과 소망대로 성령이 메시아에게 임해 새 언약의 중보 사역을 완수하게 하신 것을 증언하였습니다. 그렇게 성령의 기름부음을 받은 예수님은 부활 승천하신 뒤에 성령을 보내시는 분이 되셨습니다. 승천하신 그리스도께서는 성령을 보내시는 동시에 성령과 상호 내재하시며 교회와 세상에 성령과 함께 거하십니다. 구약에서는 성령이 성육신하기 전 선재하신 그리스도께서 함께하시는 성령이었다면, 오순절 이후에는 부활 승천하신 영광의 그리스도께서 함께하시는 성령인 것입니다. 그런 면에서 구약 성도들은 십자가와 부활로 새 언약을 성취하고 승천하신 그리스도께서 내 주하시는 성령은 미처 받지 못했다고 볼 수 있습니다.

이스라엘(구약) 시대	예수 시대	교회 시대
하나님의 영	하나님의 영	하나님의 영
선재하신 그리스도	육신의 예수	부활 승천하신 그리스도
새 언약의 약속 (promise)	새 언약의 중보 사역 (mediator)	새 언약의 성취 (fulfillment)

부활하신 주님의 다시 오심

제자들마저 육신의 예수님을 통해 역사하는 성령의 은혜를 받았지만, 오순절까지는 새 언약을 성취하시고 부활 승천하신 그리스도께서 함께하시는 성령은 받지 못한 것입니다. 제자들은 오순절 전후에 걸친 독특한 상황에서 주님을 믿고 따랐기 때문에 두 단계적으로 성령을 체험했던 것입니다. 그러나 우리는 오순절 이후에 신앙생활을 하기 때문에 그 이전으로 다시 돌아가 육신을 입은 주님을 만나고 그 주님을 통해 역사하는 성령을 체험할 수 없습니다. 우리는 제자들처럼 이차적으로 성령을 받는 것이 아니라, 예수님을 믿을 때 오순절에 임한 성령의 선물을 받습니다. 주님을 영접하는 것과 성령을 받는 것은 결코 분리할 수 없습니다. 부활하신 그리스도께서는 오직 성령을 통해 우리 안에 내주하십

니다. 그래서 우리 안에 부활하신 그리스도와 성령이 공존하십니다.[3]

성령의 선물은 우리에게 부활하신 그리스도의 현존을 체험하게 합니다. 부활하신 주님이 성령을 통하여 우리 안에 거하십니다. 그래서 예수님이 제자들에게 "내가 너희를 고아와 같이 버려두지 아니하고 너희에게로 오리라"고 하셨습니다(요 14:18). 이어서 "그날에는 내가 아버지 안에, 너희가 내 안에, 내가 너희 안에 있는 것을 너희가 알리라"고 하셨습니다"(요 14:20). 오순절에 성령이 오신 것은 부활 승천하신 예수님이 다시 오신 것이라고 할 수 있습니다. 예수님이 부활하신 육체로는 하나님 우편에 계시지만, 신비하게도 영적이고 인격적으로 우리 안에 계십니다. 그래서 바울 사도는 성령께서 우리 안에 계신 것과 그리스도께서 우리 안에 계신 것을 상호 교차적인 표현으로 사용하였습니다. 같은 맥락에서 우리가 성령 안에 있는 동시에 그리스도 안에 있다고도 했습니다.

4. 성령의 인격성

신적 인격이신 성령

성령을 에너지나 능력, 또는 영향력으로 이해하는 이들이 많습니다. 신약성경에 **성령의 인격성**에 대한 증거가 뚜렷하게 나타나지 않는다고 주장하는 신약학자들도 있습니다. 그러나 성경은 성령의 인격적인 특성을 분명히 증거하고 있습니다. 베드로는 성령을 속인 아나니아가 하나님께 거짓말했다고 하였습니다. "베드로가 이르되 아나니아야, 어찌하여 사탄이 네 마음에 가득하여 네가 성령을 속이고 땅 값 얼마를 감추었느냐. 땅이 그대로 있을 때에는 네 땅이 아니며 판 후에도 네 마음대로 할 수가 없더냐. 어찌하여 이 일을 네 마음에 두었느냐. 사람에게 거짓말한 것이 아니요 하나님께로다"(행 5:3-4). 베드로는 성령을 속일 수 있는 인격적인 대상으로 묘사했습니다. 동시에 성령을 하나님이라고 하였습니다. 이 짧은 구절에서 성령의 신성과 인격성이 분명하게 드러납니다.

이 구절 외에도 성경에는 성령이 지성과 감정과 의지와 같은 인격적인 특성을 가졌다는 사실을 가리키는 말씀이 많습니다. 성령이 "가르치신다, 말씀하신다, 깨닫게 하시고 인도하신다, 근심하시고 탄식하신다"고 하였습니다. 야고보서에서는 "성령이 시기하기까지 사모한다"고 했습니다(약 4:5). 또 성령은 명령하시며, 자기 뜻대로 은사를 나누어 주십니다. 요한복음 14-16장에 기록된 주님의 고별 메시지를 보면 성령의 인격성이 가장 두드러지게 드러납니다. 첫 번째 보혜사 예수님과 두 번째 보혜사 성령이 평행이 되게 묘사되었습니다. 두 보혜사는 모두 하나님 아버지로부터 보냄을 받았습니다. 두 번째 보혜사 성령은 예수님이 떠나신 뒤 그 임재와 역할을 대신할 인격적인 존재입니다. 예수님과 같이 제자들을 가르치고 변호하며 도우실 분입니다. 헬라어로 성령은 중성 명사인데 '에케이노스'ἐκεῖνος라는 남성 지시 대명사가 사용되었습니다. 그가 가르치고 인도하신다고 했습니다(요 16:13-14). 여기서 성령은 예수님과 동등한 인격적인 하나님이라는 사실이 드러납니다.

성령은 '얼굴 없는 인격'Person without face이라는 말이 있습니다. 성령은 자신을 드러내지 않고 온전히 예수님만 드러내십니다. 성령은 자신의 영광을 베일로 감추시고 자신을 통해 예수님의 영광만이 드러나게 하십니다(요 16:14). 성령은 항상 그리스도 중심적으로 일하십니다. 이런 성령의 '그리스도 중심적 특성'을 설명하기 위해 신학자들이 즐겨 사용하는 은유적인 표현이 '거룩한 수줍음'입니다.[4] 어떤 영적인 현상이나 체험이 진정한 성령의 역사인지를 가늠하는 척도는 거룩한 수줍음이라고 할 수 있습니다.

성령이 단순히 능력이나 영향력이라면?

성령이 신적 인격Divine Person이시라는 사실이 성령을 이해하는 데 있어서 가장 중요한 지점입니다. 만약 성령이 인격이 아니시라면 기독교 신앙은 붕괴됩니다. 성령이 단순히 능력이나 영향력이라면, 신적 인격이 우리 안에 거하는 채널이 될 수 없습니다. 성령을 통해 그리스도께서 인격적으로 우리 안에 내재하실 수 없고, 그리스도와의 인격적인 연합이 이루어질 수 없습니다. 그러면 우리를 그리스도의 형상으로 갱신하려는 하나님의 구원 경륜은 좌절될 수밖에 없습니다. 성령이 신적 인격이시기에 성자와 성부의 인격적인 임재를 우리에게 중재할 수 있습니다.

만약 성령이 인격이 아니라 단순히 능력이라면, 우리 안에 삼위 하나님이 내주하시는 것은 불가능하며, 기독교 신앙의 핵심인 삼위일체적인 신앙은 무너집니다. 입으로는 삼위 하나님을 고백할지라도, 성령을 자신이 마구 끌어당겨 사용할 수 있는 능력으로 취급하는 이는 실제적으로 성령의 인격성을 무시하는 이위론자 곧 이단자와 다름없습니다. 그러므로 성령을 사역의 성공이나 자기실현을 위한 동력으로 이용하려는 것은 반기독교적인 행위입니다.

한국 교회에서 일어나고 있는 잘못된 성령 운동의 근본 문제는 성령의 인격성을 무시한다는 점입니다. 성령을 교묘하게 이용하여 자신의 종교적 야욕을 채우려는 이들은 많아도, 성령을 진정으로 사랑하여 그분과 매일 인격적인 교제를 누리며 그분과 함께 걷는 이들은 많지 않습니다. 그렇게 많은 성령 운동과 은사 집회가 열리고 있는데, 정작 주님이 찾으시는 열매는 없이 광신적인 운동으로 전락하고 있습니다.

삼위일체적 신앙의 출범

오순절에 임한 성령은 성자뿐 아니라 성부 하나님이 함께하시는 영입니다. 요한복음에서 주님이 "사람이 나를 사랑하면 내 말을 지키리니 내 아버지께서 그를 사랑하실 것이요 우리가 그에게 가서 거처를 그와 함께하리라"고 하셨습니다(요 14:23). 여기서 '우리'는 주님과 하나님 아버지를 가리킵니다. 성령을 통해서 성자와 성부 하나님이 우리 안에 거하십니다. 성령이 우리 안에 거하시면, 우리는 그리스도와 연합하여 아버지의 임재 안으로 들어갑니다. 우리가 그리스도와 하나가 되었으니 그리스도께서 계신 곳에 우리도 있습니다. 우리가 육체적으로는 주님과 떨어져 있으나 영적으로는 주님이 계신 곳, 하나님 아버지 우편에 있습니다(엡 2:6). 성령 안에서 우리는 하늘 아버지 집, 아버지의 사랑의 품속에 있습니다.

성령은 우리 안에 하나님의 거처를 만드십니다. 그래서 성령을 가리켜 '집 짓는 영'home-maker Spirit이라고 합니다. 성령을 받음으로 우리 안에 삼위 하나님이 거하십니다. 교회는 삼위 하나님이 거하시는 집이요 성전입니다. 우리 교회와 신자의 삶은 삼위 하나님을 모시고 영원한 사랑의 교제를 누리는 삶입니다.

오순절에 성령이 강림하심으로 하나님의 신비, 삼위일체가 구원 역사에서 가장 명료하게 계시되었습니다. 오순절에 임한 성령을 체험하는 것은 삼위일체의 신비로 들어가는 관문이라고 할 수 있습니다. 사도들과 초대교인들이 성령을 받음으로 체험한 것은 삼위일체 하나님의 인격적인 임재와 내주하심이었습니다. 거기서부터 삼위일체 하나님에 대한 신앙고백과 기도와 예배가 나온 것입니다. 따라서 오순절에 성령이 임하심으로 온전한 기독교 신앙 곧 삼위일체적인 신앙이 출범했다고 볼 수 있습니다. 그런 면에서 구약 성도들은 우리에게 주어진 온전한 은혜를 미처 누리지 못했습니다. 그래서 히브리서 저자는 "이는 하나님이 우리를 위하여 더 좋은 것을 예비하셨은즉 우리가 아니면 그들로 온전함을 이루지 못하게 하려 하심이라"고 했습니다(히 11:40).

오늘날 교회의 문제는 삼위일체 신앙이 위기에 직면한 것입니다. 우리는 아주 정교하게 발전된 삼위일체 교리는 가지고 있지만 그 교리가 가리키고 있는 영적 실체, 삼위 하나님과 깊은 교제와 연합의 복은 온전히 누리지 못하고 있습니다. 교인들이 입술로는 삼위일체 하나님을 고백하지만,

실제로는 그들이 섬기는 하나님이 일위이든 삼위이든 별로 상관이 없는 것처럼 삽니다. 그것은 교회와 신자의 삶에서 성령의 충만한 임재와 교통함이 결핍된 결과입니다.

성령을 체험한다는 것은 무엇을 체험하는 것일까요? 성령 운동에는 성령을 체험하는 것을 주로 방언, 예언, 기적, 환상, 신비한 현상을 체험하는 것으로 봄으로써 성령 체험의 핵심을 놓치는 경우가 많습니다. 그러나 성령을 체험하면 무엇보다 삼위 하나님을 체험합니다.

1 오순절에 나타난 세 가지 표적—급하고 강한 바람, 불의 혀, 방언
   —은 각각 무엇을 상징합니까?

2 성령이 '선물의 선물'이라는 말은 무슨 뜻입니까? 우리에게 성령
   의 선물을 주시기 위해 예수님이 치른 대가는 무엇입니까? 두 가
   지 선물 곧 예수님과 성령님 중 어느 하나만 받을 수 있습니까?

3 예수님을 영접하는 것과 성령을 받는 것은 왜 분리할 수 없는지
   나누어 봅시다.

4 성령의 중요한 특성 가운데 하나를 가리켜 '거룩한 수줍음'이라고
   표현하는데 이 말의 의미는 무엇입니까? 기적과 같은 대단한 능
   력과 신비한 현상이 나타날지라도 이런 특성이 결여되어 있다면
   의심해 보아야 하는 이유는 무엇입니까?

5 성령이 인격이 아니라 단순히 능력이나 영향력이라면 어떤 문제
   가 생깁니까? 성령을 우리가 사랑하고 섬겨야 할 인격적인 대상
   이 아니라 자신의 성공과 유익을 위해 사용할 수 있는 능력으로
   취급하는 이들이 직면하는 위험은 무엇입니까?

6 성령을 가리켜 '집 짓는 영'이라고 하는데, 성령은 어떤 집을 짓습
   니까? 성령 체험은 우리를 어떤 신앙으로 인도합니까?

4장

온 세상에 펼쳐지는
새 창조

1. 이스라엘의 회복

복음 전파의 능력

"오직 성령이 너희에게 임하시면 너희가 권능을 받고 예루살렘과 온 유대와 사마리아와 땅끝까지 이르러 내 증인이 되리라 하시니라"(행 1:8). 사도행전의 저자인 누가는 이 말씀대로 오순절에 제자들이 성령의 권능을 받아 예루살렘과 온 유대와 사마리아와 땅끝까지 복음을 전하는 과정을 기술하였습니다. 제자들이 받은 권능은 다양한 측면에서 이해할 필요가 있지만, 일차적으로 **복음 전파를 위한 능력**이라고 볼 수 있습니다. 제자들이 복음 사역을 잘 감당하기 위해 먼저 해결해야 할 문제가 있었는데, 그것은 인식론적인 문제였습니다. 그들은 삼 년 동안 주님을 따라다니며 많은 말씀을 들었지만 잘 깨닫지 못했습니다. 주님이 자주 말씀하신 십자가 고난과 부활의 의미를 이해하지 못했지요. 그래서 깨닫기에 둔하고 믿음이 없다는 말을 주님께 들었습니다.

주님은 제자들을 떠나시기 전 고별 메시지에서, 보혜사 성령이 오시면 그가 모든 것을 가르치고 내가 말한 모든 것을 생각나게 할 것이라고 하셨습니다(요 14:26). 오순절에 성령이 제자들에게 임하시자, 그 말씀대로 주님께 들은 말씀이 생각나고 흩어진 퍼즐이 하나로 맞추어지듯 그 의미를 파악할 수 있게 되었습니다. 특별히 주님이 고난받으시고 부활 승천하여 보혜사를 보내신다는 말씀이 이루어졌다는 사실을 비로소 인식하게 된 것입니다. 또 주님이 자신에 관해 예언한 구약 말씀을 자주 인용하셨는데, 그 말씀이 마침내 성취되었음을 깨닫게 되었습니다.

오순절에 베드로가 성령으로 충만하여 전한 복음은 구약 말씀의 배경과 맥락 속에서 예수 그리스도의 십자가와 부활의 의미를 잘 풀어낸 설교였습니다. 따라서 제자들이 권능을 받은 첫 번째 증거는 성령의 조명으로 복음을 온전히 깨닫고 선포한 것이었습니다. 성령은 베드로가 전혀 알지 못하는 말씀을 계시해 준 것이 아니라 이미 알고 있는 말씀, 주님께 듣고 배운 말씀들을 생각나게 하고 깨닫게 하신 것입니다.[1]

성령은 공백 속에서 역사하시지 않습니다. 성령은 그리스도의 말씀을 통해 일하십니다. 성령은 진리의 영입니다. 성령은 자유하시지만 그리스도 안에 계시된 진리 안에서, 진리와 함께, 진리를 통해 역사하십니다. 그 진리 밖에서, 또는 그 진리와 상관없이 역사하시지 않습니다. 말씀의 굴레를 벗어난 성령 운동은 미혹의 영이 득실거리는 온상이 됩니다. 오늘날 교회에 직통 계시를 받은 것처럼 하나님이 자신에게 말씀하셨다며 성경으로 입증할 수 없는 허튼소리를 하는 이들이 많습니다. 그러나 성령의 주된 사역은 진리를 새롭게 계시하는 것이 아니라, 이미 계시된 진리를 생각나게 하고 깨닫게 하는 것입니다.

이스라엘의 회개

주님은 보혜사 성령이 오셔서 "죄에 대하여, 의에 대하여, 심판에 대하여 세상을 책망하시리라"(요 16:8)고 하셨습니다. 책망한다는 말은 기소하고, 드러내며, 깨닫게 하고, 확신하게 한다는 뜻이 있습니다. 오순절에 베드로가 성령으로 충만하여 유대인들이 예수님을 믿지 않고 십자가에 못 박

성령이 임하시면 권능을 받고

아 죽인 죄를 지적하니, 그들이 이 말을 듣고 마음이 찔려서 "형제들아, 우리가 어찌할꼬" 하고 부르짖었습니다(행 2:37). 그것이 바로 죄를 책망하시는 성령의 사역입니다. 그래서 결국 3천 명이 회개했습니다. 그들이 누구인가요? 예수님을 배척하고 죽인 사람들입니다. 예수님의 말씀을 듣고 주님이 행한 많은 기사와 표적을 보고도 믿지 않고 오히려 마음이 더 강퍅해져 예수님을 십자가에 못 박은 이들이 베드로의 설교 한 편을 듣고 회개했다는 것은 참으로 놀라운 기적입니다.

어떻게 보면 예수님도 생전에 하지 못하신 일을 베드로가 해낸 셈입니다. 베드로의 설교가 예수님이 생전에 전하신 말씀보다 더 강력한 효력을 발휘한 것 같습니다. 주님이 나를 믿는 자는 내가 하는 일을 그도 할 것이고 그보다 큰일도 할 것이라고 하셨는데(요 14:12), 그 말씀대로 된 것입니다. 예수님이 이 땅에서 육신 가운데 계실 때 말씀하신 것보다 십자가에서 고난받으시고 부활하신 뒤 그 복음을 베드로가 성령의 권능으로 전파한 것이 죄인들을 변화시키는 더 큰 효력이 있었던 것이지요. 그러나 그마저도 승천하신 그리스도와 성령이 베드로를 통해서 하신 일이라고 볼 수 있습니다. 베드로가 전한 복음을 통해 주님이 십자가와 부활로 성취하신 새 창조의 능력이 역사한 것입니다.

유대인 3천 명이 회개하고 곧이어 5천 명이 예수를 믿었습니다(행 4:4). 그리고 허다한 무리가 주께 돌아왔습니다. 지금 무슨 일이 일어나고 있는 것인가요? 하나님이 마지막 때에 그분의 백성 **이스라엘을 회복**하신다는 약속이 성취되기 시작한 것입니다. 베드로와 사도들이 공회 앞에 끌려가 그 사실을 변증했습니다. "이스라엘에게 회개함과 죄 사함을 주시려고 그를 오른손으로 높이사 임금과 구주로 삼으셨느니라"(행 5:31). 예루살렘에서 지금 벌어지고 있는 일은 하나님이 예수 그리스도를 죽은 자 가운데서 다시 살리시고 만유의 주로 높이심으로 이스라엘에 회개의 은혜를 주셨다는 것입니다.

이는 에스겔 골짜기의 환상이 실현된 것이라고 볼 수 있습니다.[2] 에스겔 골짜기 사방에서 생기가 불어와 마른 뼈들이 살아나 큰 군대가 일어나듯이, 사도들이 전한 복음을 통해 성령의 생기가 불어와 영적으로 죽은 이스라엘이 살아나서 하나님의 백성이 되는 역사가 일어난 것입니다. 성령이 마른 뼈같이 영적으로 죽은 자 가운데서 새로운 하나님의 백성, 새로운 이스라엘 곧 교회를 일으키신 것입니다. 복음이 예루살렘과 유대 지경을 넘어 사마리아와 땅끝까지 전파되면서 이스라엘에서 시작된 새 창조가 온 세상에 거대한 규모로 일어나게 되었습니다. 성령의 권능을 받은 제자들이 이 새 창조의 채널이 된 것입니다.

2. 이스라엘에서 온 세상으로

베드로가 유대인들에게 복음을 전하며 아브라함의 언약을 상기시켰습니다. "너희는 선지자들의 자손이요 또 하나님이 너희 조상과 더불어 세우신 언약의 자손이라. 아브라함에게 이르시기를 땅 위의 모든 족속이 너의 씨로 말미암아 복을 받으리라 하셨으니 하나님이 그 종을 세워 복 주시려고 너희에게 먼저 보내사 너희로 하여금 돌이켜 각각 그 악함을 버리게 하셨느니라"(행 3:25-26). 베드로의 이 말은 하나님이 예수 그리스도와 성령을 보내심으로 아브라함에게 주신 약속, 즉 땅의 모든 민족이 그로 말미암아 복을 받을 것이라는 언약(창 12:3)을 성취하고 계심을 밝힌 것입니다.

하나님이 아브라함을 부르신 목적은 **온 세상**에 복을 베푸시기 위함이었습니다. 처음부터 하나님의 눈은 온 세상을 향해 있었습니다. 하나님은 죄와 저주로 뒤덮인 세상을 구원하고 복으로 충만하게 하시려는 계획을 가지고 계셨습니다. 이런 구원 계획이 구약과 신약 성경을 관통하는 거대한 언약의 물줄기를 형성하고 있습니다. 이 언약의 맥을 따라 성경을 읽고 이해해야 합니다.[3]

그러나 아브라함의 자손인 이스라엘 백성은 아브라함처

럼 하나님의 부르심에 순종하지 않았습니다. 우상숭배의 죄와 배타주의에 빠져 그들을 통해 모든 민족에게 복을 베푸시려는 하나님의 뜻을 저버렸습니다. 그래서 이방의 빛과 복이 되기보다 저주가 되었습니다. 이스라엘 백성이 가장 자랑스러워한 것은 자신들이 아브라함의 자손이라는 정체성이었습니다. 그러한 혈통에도 불구하고 그들은 신앙적으로 참 아브라함의 자손이 아니었습니다. 아브라함처럼 하나님을 믿지 않았고 순종하지도 않았습니다. 그들의 근본 문제는 불순종하는 강퍅한 마음이었습니다. 그러니 그들을 통해 큰 민족, 하나님이 다스리는 나라를 건설하여 온 세상 만민에게 복을 베푸시려는 하나님의 계획이 이루어질 수 없었습니다.

그럼에도 불구하고 하나님은 아브라함과 그 후손을 통해 모든 민족에게 복을 베푸시려는 뜻을 포기하지 않으시고 그 약속을 신실하게 성취하셨습니다. 이스라엘 역사에서 가장 절망적이고 암울한 시기에 가장 은혜로운 언약을 그들에게 주셨습니다. 그것이 바로 새 언약입니다. 하나님이 옛 언약, 율법의 저주를 제거하고 그 저주를 불러온 불순종의 강퍅한 마음을 근본적으로 변화시키는 새 창조를 약속하신 것입니다(렘 31:31-33, 겔 36:26-27).

예수님이 새 언약의 중보자로 오셨습니다. 십자가에서 이스라엘과 우리가 옛 언약을 어긴 대가, 곧 율법의 저주를 받으심으로 새 언약을 성취하셨습니다. 바울은 예수님이 나무에 달려 저주를 받으심으로 아브라함에게 약속하신 복이 모든 민족에게 흘러가게 되었다고 말합니다. "그리스도께서 우리를 위하여 저주를 받은 바 되사 율법의 저주에서 우리를 속량하셨으니 기록된 바 나무에 달린 자마다 저주 아래에 있는 자라 하였음이라. 이는 그리스도 예수 안에서 아브라함의 복이 이방인에게 미치게 하고 또 우리로 하여금 믿음으로 말미암아 성령의 약속을 받게 하려 함이라"(갈 3:13-14).

예수 그리스도의 구속으로 말미암아 새 언약의 영인 성령이 오순절에 임하시자, 돌같이 강퍅한 유대인들의 마음이 깨지고 변화되는 역사가 일어난 것입니다. 혈통으로만 아브라함의 자손이었던 자들이 비로소 신앙적으로도 아브라함의 자손으로 거듭난 것이지요. 구약에서 오랫동안 대망한 이스라엘이 회복되는 역사가 시작된 것입니다. 그들 위에 저주가 걷히고 복이 임하기 시작하였습니다. 불순종하는 유대인들의 중심에 서서 복음의 원수로 행하던 바울까지 극적으로 회심하여 이방인의 사도가 되었습니다. 복음이 예루살렘과 온 유대와 사마리아와 땅끝까지 전파되면서 이방인들을 포함한 모든 민족이 아브라함의 복을 받게 된 것입니다. 하나님이 아브라함에게 하신 약속이 마침내 성취된 것이지요. 2천 년 후에 조선이라는 변방의 조그만 나라에까지 이 복음이 전파되어 우리도 아브라함의 복을 누리게 되었습니다. "그러므로 믿음으로 말미암은 자는 믿음이 있는 아브라함과 함께 복을 받느니라"(갈 3:9).

성령은 아브라함의 약속이 더 온전히 실현되게 하시는 새 언약의 영입니다. 우리 신자와 교회를 새 언약의 은혜로 충만하게 하여 세상으로 넘쳐흐르게 하는 영입니다. 성령을 보내심으로 교회를 통해 모든 민족이 복을 받는 약속이 더 온전히 이루어지게 하셨습니다. 그러므로 교회와 신자는 이 약속의 성령으로 충만해야 합니다. 방언을 하고 예언을 하며 신비 체험을 하기 위해서가 아니라, 세상에 넘쳐흐르는 복의 통로가 되기 위해 성령으로 충만해야 합니다. 성령으로 충만한 초대교회가 땅끝까지 복음을 전함으로 열방이 복을 받게 되었습니다. 그런데 오늘날 교회는 개인이 구원받고 무탈하게 사는 정도의 복을 원하지, 세상에 복을 베푸시려는 하나님의 원대한 구원 계획에는 별 관심이 없습니다. 하나님이 이스라엘의 실패를 만회하도록 약속의 성령을 보내 주셨는데, 그들의 비극적인 전철을 답습하는 것은 참으로 안타까운 일입니다.

만물의 회복

오순절에 베드로가 선포한 복음은 예수님의 십자가 죽음과 부활, 그리고 승천하심으로 성령의 선물을 보내셨다는 내용

에서 절정에 이릅니다. "하나님이 오른손으로 예수를 높이
시매 그가 약속하신 성령을 아버지께 받아서 너희가 보고
듣는 이것을 부어 주셨느니라"(행 2:33). 이 구절은 사도행전
에서 매우 중요한 본문입니다. 사도행전에서 펼쳐지는 모든
성령의 역사와 사도들의 사역은 승천하신 주님이 성령을 부
어 주셨다는 말씀에 기초합니다. 베드로는 하나님이 예수님
을 오른손으로 높였다고 했습니다(행 5:31). 이는 예수님이
승천하여 권세의 자리에 앉으셨음을 뜻합니다. 그래서 베드
로는 바로 이어서 주님이 하나님 우편에 앉으실 것이라는
다윗의 시편을 인용합니다. "다윗은 하늘에 올라가지 못하
였으나 친히 말하여 이르되 주께서 내 주에게 말씀하시기를
내가 네 원수로 네 발등상이 되게 하기까지 너는 내 우편에
앉아 있으라 하셨도다"(행 2:34-35).

베드로와 같이 바울이 전한 복음의 절정도 죽은 자 가운
데 부활 승천하신 그리스도께서 하나님 우편에 앉아 만유를
주관하는 권세를 지금 집행하고 계신다는 선언입니다. "그
의 능력이 그리스도 안에서 역사하사 죽은 자들 가운데서
다시 살리시고 하늘에서 자기의 오른편에 앉히사 모든 통치
와 권세와 능력과 주권과 이 세상뿐 아니라 오는 세상에 일
컫는 모든 이름 위에 뛰어나게 하시고 또 만물을 그의 발 아
래에 복종하게 하시고 그를 만물 위에 교회의 머리로 삼으

셨느니라"(엡 1:20-22).

예수님의 승천은 그분의 부활만큼 중요하게 다루어지지 않는 경향이 있습니다. 그러나 만물을 갱신하는 새 창조는 그리스도의 승천에 기초합니다. 주님이 하늘과 땅의 모든 권세를 위임받은 자리에 앉으셨기에 만물을 주관하며 충만하게 하실 수 있게 된 것입니다. 승천하신 주님이 하나님 우편에 앉아 지금 무엇을 하고 계실까요? 이 땅에서 수고를 많이 하셨으니 거기서 편히 쉬시다가 때가 되면 재림하실까요? 승천하신 뒤 주님은 더욱 분주해지셨습니다. 그분의 사역은 우주적인 규모로 확대되었습니다. 전에 육신을 입고 계실 때는 그 활동 반경이 팔레스타인 한 지역에 국한되었다면, 이제는 온 우주로 확대되었습니다. 만물 안에 거하시고 죄로 오염되고 파괴된 만물을 새롭게 창조하십니다. 하늘에 계신 주님이 세상을 다스리는 권세를 집행하는 방편이 바로 성령입니다.

바울은 만물을 그리스도 안에서 통합하는 것이 구속의 목적이라고 했습니다. "하늘에 있는 것이나 땅에 있는 것이 다 그리스도 안에서 통일되게 하려 하심이라"(엡 1:10). 이 구절이 에베소서의 주제라고도 할 수 있습니다.[4] 성령은 개인뿐 아니라 죄로 말미암아 오염되고 파괴된 만물을 새롭게 하며 회복하는 우주적 갱신의 원동력입니다.

1 제자들이 받은 성령의 권능은 복음 전파를 위한 능력입니다. 복음을 잘 전하기 위해 그들에게 먼저 어떤 능력이 필요했습니까?

2 오순절에 성령은 베드로에게 어떤 새로운 말씀을 계시해 주셨습니까? 성령은 공백 속에서가 아니라 말씀을 통해 역사하십니다. 오늘날 직통 계시를 받은 듯이 말하는 이들의 문제는 무엇입니까?

3 오순절 베드로의 설교로 많은 유대인들이 회개하고 주께 돌아온 사건은 구약의 어떤 소망이 성취된 것입니까?

4 마른 뼈가 가득한 에스겔 골짜기에 생기가 불어오듯이, 이 세상에 성령의 생기가 불어와 영적으로 죽은 자들이 살아나는 새 창조가 진행되고 있습니다. 우리가 전하는 복음에 새 창조의 능력이 역사한다는 것을 신뢰합니까?

5 하나님은 약속의 성령을 보내심으로 새로운 이스라엘이며 아브라함의 후손인 교회를 통해 모든 민족이 복을 받는 아브라함의 언약이 더 온전히 이루어지게 하십니다. 이스라엘의 실패를 반복하지 않고 세상에 복의 통로가 되는 교회가 되기 위해 성령으로 충만해야 함을 되새겨 봅시다.

6 승천하신 그리스도께서는 지금 무엇을 하고 계십니까? 성령은 만물을 새롭게 하며 회복하는 우주적 갱신의 원동력입니다. 우리의 개인주의적 신앙이 어떻게 교정되어야 할지 나누어 봅시다.

5장

새 시대의
도래

1. 종말의 영

현재 속으로 파고든 종말

앞에서 살펴본 것처럼 오순절에 베드로는 말세에 하나님이
그분의 영을 모든 육체에 부어 주실 것이라는 요엘 선지자
의 예언이 성취되었음을 증거하였습니다(행 2:16-18). 성령
의 오심은 **종말**이 현재 속으로 파고 들어옴을 의미합니다.
새 시대가 개막된 것입니다. 초대교인들은 예수 그리스도의
부활과 성령의 오심으로 구약에서 오래 대망한 마지막 때가
마침내 도래했다고 믿었습니다. 이런 종말론적 인식이 그들

의 신앙과 삶, 메시지를 주관하는 틀을 형성하고 있습니다. 바울에게 있어서도 이 종말의 관점이 구원과 그리스도인의 삶과 교회의 본질을 이해하는 출발점이었다고 봅니다.[1] 그는 교회를 근본적으로 종말론적인 공동체로 보았으며, 구원과 그리스도인의 삶 역시 성령 안에서 종말론적인 실체를 미리 앞당겨 누리는 것으로 보았습니다.

그래서 바울은 성령을 '첫 열매'first fruit, ἀπαρχή라고 했습니다.[2] "그뿐 아니라 또한 우리 곧 성령의 처음 익은 열매를 받은 우리까지도 속으로 탄식하여 양자될 것 곧 우리 몸의 속량을 기다리느니라"(롬 8:23). 바울은 우리가 이미 양자의 영을 받았다고 했습니다. "너희는 다시 무서워하는 종의 영을 받지 아니하고 양자의 영을 받았으므로 우리가 아빠 아버지라고 부르짖느니라. 성령이 친히 우리의 영과 더불어 우리가 하나님의 자녀인 것을 증언하시나니"(롬 8:15-16). 우리는 이미 양자의 영을 받아 하나님의 아들이 되었지만, 아직도 몸이 부활하여 그리스도와 같은 영광의 형상으로 변화될 것 곧 온전한 양자됨을 기다리며 탄식합니다.

미래에 있을 풍성한 수확의 첫 열매가 이미 우리에게 주어졌습니다. 우리는 성령 안에서 의와 평강과 화평을 누립니다. 하나님 나라의 첫 열매를 맛보는 것이지요. 이러한 천국의 맛보기가 더 풍성한 양식에 대한 우리 입맛을 보다 당깁니다. 그것을 더욱 사모하고 소망하게 합니다. 그뿐 아니라 현재의 고난마저 이 소망을 심화시킵니다. 따라서 첫 열매는 종말이 우리 가운데 이미 현존하는 분명한 사인sign인 동시에 미래에 풍성한 수확을 몰고 온다는 확실한 보증입니다.

또 바울은 성령을 가리켜 '보증금'downpayment이라고 했습니다(고후 1:21-22, 5:5, 엡 1:14). 보증ἀρραβὼν이란 말은 종말과 하나님 나라의 두 면 곧 '이미'와 '아직'already and not yet을 모두 부각하는 데 탁월한 개념입니다. 성령의 내주하심은 종말의 약속의 성취인 동시에 미래에 우리가 누릴 유업의 확실한 보증이라는 것입니다. "그 안에서 너희도 진리의 말씀 곧 너희의 구원의 복음을 듣고 그 안에서 또한 믿어 약속의 성령으로 인치심을 받았으니 이는 우리 기업의 보증이 되사 그 얻으신 것을 속량하시고 그의 영광을 찬송하게 하려 하심이라"(엡 1:13-14). 성령은 하나님이 주신 종말의 보증금으로, 종말이 이미 현재에 임했다는 증거이며 종말이 온전하게 실현될 것이라는 확증입니다. 이 세상에서는 집을 사는 사람이 보증금을 지불하고 나중에 잔금을 치릅니다. 그와 같이 하나님 나라의 기업을 얻는 우리가 그 값을 내야 합니다. 그런데 하나님이 그 기업을 주시면서 보증금과 잔금까지 주십니다. 파격적인 은혜이지요. 하나님 나라의 보증금을 이미 받은 사람은 나머지 잔금을 반드시 받을 것입니다. 그러나 보증금인 성령을 받지 못한 이는 온전한 하나님 나라를 잔금으로 받지 못할 것입니다.

마지막으로, 바울은 성령의 종말론적인 특성을 '인'seal에 비유하여 설명했습니다(고후 1:21-22, 엡 1:13; 4:30). '인치다'σφραγίζω라는 단어는 소유권을 표시하기 위해 왁스나 진흙으로 도장을 찍는 것을 의미합니다. 우리 안에 내주하시는 성령은 우리가 이미 하나님의 소유라는 표식이며, 마지막 날까지 하나님이 당신의 소유를 굳게 지키신다는 보증입니다. 이 말씀은 많은 허물과 약함으로 비틀거리는 우리에게 큰 위로와 확신을 안겨 줍니다. 비록 우리는 심히 연약하지만, 하나님의 영원불변한 사랑과 신실하심이 우리를 끝내 완전한 구원과 하나님 나라에 이르게 할 것입니다. 우리 안에 성령의 내주하심이 그 확실한 증표입니다.

옛것은 가고 새것이 오다

현 세상과 시대를 변혁시키는 종말의 능력인 성령이 이미 우리 가운데 임해 역사하지만, 아직도 새 창조는 완성되지 않았습니다. 여전히 옛 창조와 세계는 새 시대와 공존합니다. 이 사실을 바울은 육신과 성령의 대립으로 묘사했습니다. 육신 가운데 있다는 것은 죄와 사망의 지배 아래 있는 옛 시대와 세상에 속해 있음을 의미합니다. 반면 성령 안에 있다는 것은 은혜와 의가 왕노릇하는 새 시대에 속해 있음을 의미합니다.

바울은 아담과 그리스도의 비교를 통해서도 이러한 사실을 설명했습니다(롬 5:12-21). 아담은 세상에 죄의 통치를 불러들인 관문 역할을 했습니다. 그로 인해 아담 안에서 모든 사람이 죄와 사망의 지배 아래 놓이게 되었지요. 아담 안의 옛 세상은 악한 영과 정사와 권세자들이 다스리는 영역입니다. 아담과는 반대로 그리스도께서는 이 세상에 하나님과 의의 통치가 임하게 하셨습니다. 그리스도의 죽음은 죄의 지배에 대한 죽음이며, 죄와 율법이 다스리는 옛 세상에 대한 죽음이었습니다. 그와 동시에 세상의 권세 잡은 자에 대한 승리였습니다. 주님은 "이 세상 임금이 심판을 받았음이라"고 하셨습니다(요 16:11). 십자가로 죄의 권세인 율법과 마귀의 세력을 무력화하신 것입니다. "우리를 거스르고 불리하게 하는 법조문으로 쓴 증서를 지우시고 제하여 버리사 십자가에 못 박으시고 통치자들과 권세들을 무력화하여 드러내어 구경거리로 삼으시고 십자가로 그들을 이기셨느니라"(골 2:14-15).

더 나아가, 그리스도의 부활은 새 창조의 첫 열매입니다. 죄의 통치가 종식되고 은혜와 의가 다스리는 새 시대, 새 세상이 열린 것입니다. 교회와 신자는 그리스도의 죽음과 부활에 연합함으로 죄의 지배에 대해 죽고 의와 하나님을 향해 살아났습니다. 따라서 그리스도 안에 있는 교회와 신자는 더 이상 죄와 사망의 권세가 주관하는 영역에 존재하지 않습니다. 옛 세상을 지배하는 죄와 사망의 세력을 압도하는 부활의 능력이 왕노릇하는 성령 안에 존재합니다. 이제 육신이 아니라 성령이 새로운 삶과 존재의 방식입니다. 그러므로 바울은 더 이상 어떤 사람도 육신을 따라 알지 않는다고 했습니다(고후 5:16). 그리스도 안에 있는 이의 정체성은 새 창조의 영에 속한 새로운 피조물이라는 것입니다. "그런즉 누구든지 그리스도 안에 있으면 새로운 피조물이라. 이전 것은 지나갔으니 보라, 새것이 되었도다"(고후 5:17). 옛것은 사라지고 새것이 임했습니다. 옛 세상과 시대는 가고 새 세상과 시대가 온 것입니다.

새 창조는 우리 개인 안에서부터 시작된 것이 아니라 우리 밖에서, 구원 역사에서 비롯된 것입니다. 예수님의 부활에서 시작하여 성령의 오심으로 온 세상에 확대되고 있습니다. 우리 교회와 개인은 성령의 부르심으로 그리스도 안에 영입됨으로써 그 안에서 역사하는 새 시대의 능력에 참여하여 새로운 피조물로 변혁됩니다. 바울은 그것을 가리켜 중생이라고도 했는데(딛 3:5), 이는 만물을 갱신하는 새 창조(팔링게네시아, 마 19:28)의 일부입니다.

2. 새 인류의 출현

종말론적인 새 사람

오순절에 성령의 오심으로 새 시대가 도래했을 뿐만 아니라 **새 인류**가 등장했습니다. 마지막 아담인 그리스도와 연합한 종말론적인 새 사람이 출현한 것이지요. 그리스도께서 새 인류의 원조이십니다. 그리스도의 죽음과 부활은 아담 안에서 끝없이 연속되는 옛 존재의 방식을 마침내 종식하고 인류에 새로운 삶의 길을 여셨습니다. 아담 안에서 온 인류는 죄의 지배를 받으며 율법의 저주 아래 있는 육신 곧 옛 사람입니다. 그러나 그리스도 안에 있는 자는 누구든지 죄의 지배에서 해방되어 하나님의 통치를 받는 새 사람입니다. 바울은 세례가 그리스도의 죽음과 부활과 연합함으로 우리가 죄에 대해 죽고 하나님에 대해 산 새로운 존재가 됨을 뜻한다고 했습니다. "그러므로 우리가 그의 죽으심과 합하여 세례를 받음으로 그와 함께 장사되었나니 이는 아버지의 영광으로 말미암아 그리스도를 죽은 자 가운데서 살리심과 같이 우리로 또한 새 생명 가운데서 행하게 하려 함이라"(롬 6:4).

성령 안에서 새 사람은 첫 아담이 아니라 마지막 아담의 형상으로 변형됩니다. 이 변화는 마지막에 우리 몸이 부활하며 만물이 회복될 때 완성됩니다. "그는 만물을 자기에게 복종하게 하실 수 있는 자의 역사로 우리의 낮은 몸을 자기 영광의 몸의 형체와 같이 변하게 하시리라"(빌 3:21). 새 사람은 아직 그 영광의 형상으로 변하지는 않았지만, 이미 성령 안에서 그 영광으로의 변형은 시작되었습니다. 바울은 바로 그 점에서 옛 언약과 비교되는 새 언약의 직분의 탁월함이 밝히 드러난다고 보았습니다. 모세가 그 얼굴에서 사라져 가는 광채를 가리기 위해 수건을 쓴 것같이, 율법을 통해서는 하나님의 영광이 베일에 가려 보이지 않는다는 것입니다. 그러나 이제 새 언약의 영인 성령 안에서는 수건이 벗겨져 예수 그리스도의 얼굴에 밝히 드러난 영광을 본다고 했습니다(고후 3:12-18). 누구든지 복음을 믿고 율법에서 예수께로 눈을 돌릴 때, 주님의 얼굴에서 비치는 하나님의 영광을 보며 그와 같이 영화롭게 변화된다는 것입니다.

바울은 이런 변화가 성령으로 말미암아 일어난다고 했습니다. "주의 영광을 보매 그와 같은 형상으로 변화하여 영광에서 영광에 이르니 곧 주의 영으로 말미암음이라"(고후 3:18). 변화의 비결은 성령 안에서 주의 영광을 바라봄에 있습니다. 우리가 하나님의 영광을 보기 위해서는 성령이 주의 얼굴에 있는 하나님의 영광을 아는 빛을 우리 마음에 비추셔야 합니다(고후 4:6). 그와 동시에 우리의 어두운 마음의 눈을 밝혀 주셔야 합니다. 이런 성령의 이중적인 사역에 의해서만 우리가 그 영광을 볼 수 있습니다. 성령 안에서 경험하는 하나님의 영광은 직접 얼굴과 얼굴로 대함이 아니라 거울을 통하여 보는 것같이 간접적입니다. 그러나 이 성령 체험으로 마지막 아담의 영광에 이르는 영화glorification는 이미 시작되고 진행됩니다. 복음은 이 영광으로의 부르심이며, 성령은 우리를 이 영광의 형상으로 변형하는 종말의 능력입니다.

새 인류 공동체

바울은 성령으로 우리 마음에 예수 그리스도의 얼굴빛을 비추는 것을 첫 창조와 대비되는 새 창조로 묘사했습니다. "어두운 데에 빛이 비치라 말씀하셨던 그 하나님께서 예수 그리스도의 얼굴에 있는 하나님의 영광을 아는 빛을 우리 마음에 비추셨느니라"(고후 4:6).

첫 창조 때 하나님이 인간을 자기 형상대로 지으셨습니다. 그리고 "생육하고 번성하여 땅에 충만하라, 땅을 정복하라"고 명령하셨습니다(창 1:26-28). 하나님이 인간을 이 땅에서 하나님의 통치와 영광을 반영하는 왕의 형상으로 지으신 것입니다. 그리고 그들이 번성하여 온 땅에 퍼져 그분의 임재와 영광을 드러내며 대리 섭정하게 하셨습니다. 첫 사람에게 주어진 임무는 생육하고 번성하여 하나님의 영광과 임재로 세상을 가득 채울 하나님 형상인 인류를 온 땅에 퍼트리

성령이 임하시면 권능을 받고

는 것이었습니다. 그러나 아담의 타락으로 인간은 하나님의 형상으로서의 영광과 특권을 상실했습니다.

하나님이 첫 아담과 그 후손들이 실패한 사명을 이제 마지막 아담과 그에게 속한 **새 인류**를 통해 이루어 가십니다. 성령 안에서 주님의 형상으로 변화된 새 사람이 번성하고 땅에 충만하여, 하나님을 아는 지식과 그 영광과 임재가 온 땅에 가득하기를 원하십니다. 그것을 위해 제자들에게 땅끝까지 예수의 증인이 되어 모든 민족으로 믿어 제자가 되게 하라고 명하셨습니다(마 28:18-20).

제자들에게 주신 위대한 사명은 어떻게 보면 아담에게 생육하고 번성하여 땅에 충만하라고 명령하신 것과 맥을 같이하며, 그 명령의 새로운 버전이라고 할 수 있습니다. 모든 민족 가운데 주님의 형상과 임재를 드러낼 예수의 제자들이 퍼져나가 온 땅에 가득하게 되는 것이 첫 사람에게 주어진 명령을 더 온전히 성취하는 것이지요.[3] 이는 또한 아브라함에게 하신 약속, "내가 네게 큰 복을 주고 네 씨가 크게 번성하여 하늘의 별과 같고 바닷가의 모래와 같게 하리니······네 씨로 말미암아 천하 만민이 복을 받으리니"(창 22:17-18)라는 언약이 이루어진 것이기도 합니다. 성령이 오심으로 모든 민족이 아브라함의 복을 받으며 약속의 성령에 참여하게 되었습니다(갈 3:14).

첫 아담은 하나님을 대리하여 피조물을 다스리는 왕적인 권위를 위임받은 존재였습니다. 마지막 아담은 하늘과 땅의 모든 권세를 가지고 만물을 다스리는 왕 중의 왕이십니다. 이 종말론적인 아담과 연합한 새 사람도 그와 함께 하늘에 앉아 만물을 다스리는 권세에 참여하게 되었지요.

새 사람의 공동체인 교회는 승천하신 그리스도의 몸, 즉 이 땅에서 만물을 회복하고 주관하는 권세를 집행하는 그리스도의 몸입니다. 바울은 교회를 만물을 충만하게 하시는 그리스도의 몸이라고 했습니다. "교회는 그의 몸이니 만물 안에서 만물을 충만하게 하시는 이의 충만함이니라"(엡 1:23). 그리스도께서 만물을 충만하게 하신다는 말은 온 세상에 하나님을 아는 지식과 하나님의 임재와 권능이 충만하여 만물이 그리스도의 주관을 받는 것을 뜻합니다. 죄의 결과로 만물이 썩어짐에 종속되어 구속을 기다리며 탄식합니다. 만물이 충만한 것이 아니라 공허합니다. 그리스도 안에서 만물을 회복하고 충만하게 하는 것이 바로 하나님이 성령을 보내 교회를 세우신 목적입니다. 오순절에 성령이 강림하심으로 비로소 만물을 새롭게 하는 그리스도의 몸으로서의 교회 시대가 개막된 것입니다.

성령이 임하시면 권능을 받고

하늘에 속한 공동체

바울은 "하늘에 속한"이라는 표현을 즐겨 사용했습니다. 하나님이 예수님을 능력으로 다시 살리시고 하늘에 속한 영역에 앉히셨다고 했습니다. "그의 능력이 그리스도 안에서 역사하사 죽은 자들 가운데서 다시 살리시고 하늘에서 자기의 오른편에 앉히사 모든 통치와 권세와 능력과 주권과 이 세상뿐 아니라 오는 세상에 일컫는 모든 이름 위에 뛰어나게 하시고"(엡 1:20-21). 그 하늘은 그리스도께서 만물을 다스리시는 권세를 집행하는 영역입니다. 그런데 바울은 우리도 그 하늘에 속한 영역에 그리스도와 함께 앉히셨다고 했습니다. "또 함께 일으키사 그리스도 예수 안에서 함께 하늘에 앉히시니"(엡 2:6). 여기서 놀랍게도 우리를 이미 하늘에 앉히셨다는 과거 완료형 동사가 사용되었습니다. 이는 믿기 어려운 말씀이지만 그리스도 안에서 이미 우리에게 일어난 실체를 말하는 것입니다. 바울이 말한 하늘은 저 위의 창공을 가리키는 게 아니라, 하나님이 임재하시며 다스리시는 권세의 자리를 뜻합니다. 우리는 여전히 이 땅에 발을 딛고 살지만, 그리스도와 함께 하늘에 속한 영역에 존재합니다.

바울은 이 사실에 근거하여 교회와 그리스도인의 정체성을 규정하였습니다. 교회는 **하늘에 속한 공동체**입니다. 신자의 시민권은 하늘에 있습니다(빌 3:20). 교회와 신자가 누리는 복도 하늘에 속한 것들입니다(엡 1:3). 바울에 따르면, 세상에는 두 종류의 사람 곧 땅에 속한 사람과 하늘에 속한 사람이 있습니다. 아담 안에서 육신 가운데 있는 이가 땅에 속한 존재라면, 그리스도 안에 있는 성령의 사람은 하늘에 속한 사람입니다. 전에 우리도 땅에 속한 사람이었는데 예수를 믿고 성령으로 거듭남으로 하늘에 속한 사람이 되었습니다. 그래서 바울은 새로워진 정체성에 걸맞게 하늘의 것, 위의 것을 좇으라고 했습니다. "그러므로 너희가 그리스도와 함께 다시 살리심을 받았으면 위의 것을 찾으라. 거기는 그리스도께서 하나님 우편에 앉아 계시느니라"(골 3:1).

교회와 그리스도인이 추구해야 할 위의 것은 하늘에 속한 신령한 복과 권세이며, 하나님 나라의 비전과 의입니다. 교회는 이 땅에서 하늘의 비전과 사명을 수행하기 위해 하늘의 권세를 힘입어야 합니다. 바울은 교회와 신자 안에 역사하는 지극히 큰 능력이 바로 그리스도를 죽은 자들 가운데서 다시 살린 부활의 능력이라고 했습니다(엡 1:19-20). 이 부활의 능력이 죄와 사망의 속박 아래 있는 이들을 해방하여 영적인 사망에서 생명으로 옮깁니다.

부활의 능력은 마지막에 우리 몸이 부활할 때만 역사하는 것이 아니라, 현재 성령 안에서 누리는 영적인 실체입니다. 성령을 통해 부활하신 그리스도께서 우리 안에 거하시면 그 부활의 생명이 약동합니다. 성령 안에서 그리스도와 연합한 신자의 삶은 한마디로 부활의 삶이라고 정의할 수 있습니다. 우리는 이미 그리스도와 함께 다시 살리심을 받았으며 (롬 6:4, 엡 2:1, 5, 골 3:1), 부활의 능력이 우리 안에 역사합니다(엡 1:19-21).

부활의 능력은 교회와 신자가 그리스도 안에서 새로운 피조물로 살아가는 동력입니다. 죄와 사망의 세력을 압도하는 부활의 능력만이 육신과 옛 세상을 좇는 데서 우리를 자유하게 합니다. 그래서 바울은 이와 같이 말합니다. "그리스도 예수 안에 있는 생명의 성령의 법이 죄와 사망의 법에서 너를 해방하였음이라"(롬 8:2). 성령이 공급하는 부활의 능력이 없이는 우리를 사로잡는 죄와 사망의 세력과 법에서 자유하여 살아 계신 하나님을 섬길 수 없습니다.

성령의 내주하심은 이미 우리 안에 영적 부활 생명이 탄생했다는 증거이며, 마지막에 우리 몸이 부활할 것이라는 보증입니다. "예수를 죽은 자 가운데서 살리신 이의 영이 너희 안에 거하시면 그리스도 예수를 죽은 자 가운데서 살리신 이가 너희 안에 거하시는 그의 영으로 말미암아 너희 죽을 몸도 살리시리라"(롬 8:11). 마지막 날 그 육체가 부활할 사람이 누구인지는 현재의 삶에서 어느 정도 드러납니다. 그런 사람은 어떤 삶을 사는 이일까요? 이 땅에서 육체 가운데 살 때 성령의 내주하심으로 부활의 생명을 누리던 사람이 종말에 그 성령으로 말미암아 그 육체도 부활하게 될 것입니다. 따라서 성령 안에서 영적인 부활과 육체의 부활은 하나로 연결되어 있습니다. 둘 중 하나만을 체험할 수는 없습니다. 현재 성령 안에서 부활의 생명을 누리며 살지 않는 사람은 마지막에 육체가 부활한다는 확실한 보장이 없습니다.

3. 두 시대 사이에 고조되는 긴장

옛것과 새것의 충돌

그리스도 안에서 교회는 이미 새 창조의 능력과 부활의 생명에 참여했지만, 아직도 몸의 부활과 함께 만물이 새롭게 될 마지막 때를 소망하며 기다려야 합니다. 그때까지 아직 죄 아래 있는 옛 시대와 이미 임한 새 시대는 공존하며, 두 가지 존재 방식 곧 육신과 성령이 서로 충돌합니다. 죄와 사망의 세력이 지배하는 옛 시대에 속한 이들이 새 시대의 사람들 곧 성령에 속한 사람들을 대적하고 핍박합니다. 성령의 현존은 이 갈등을 더욱 깊어지게 합니다.

사도행전에서 새 시대의 능력이 역사하는 곳마다 그에 대항하는 옛 세상의 악한 세력도 거세게 반발하는 것을 볼 수 있습니다. 그런 대립과 충돌은 세상에서뿐 아니라 교회 안에서도 일어났습니다. 성령으로 충만한 예루살렘 공동체에서 옛 세상을 주관하는 악한 영에 사로잡힌 이들이 새 시대의 영을 대적하는 일이 발생했는데, 바로 아나니아와 삽비라 사건입니다. 베드로는 "어찌하여 사탄이 네 마음에 가득하여 네가 성령을 속이고 땅 값 얼마를 감추었느냐"라고 말합니다. 그러면서 그들이 교회 앞에 거짓말한 것이 아니라 하나님께 거짓말한 것이라고 합니다. 이후 성령은 거짓말한 아나니아와 삽비라를 혹독하게 징계하셨습니다(행 5:1-11). 이는 성령의 권능으로 진행되는 새 창조와 하나님 나라의 전진을 가로막는 사탄의 세력을 제어한 것입니다. 새 창조물인 교회를 다시 죄 아래 있는 옛 세상에 속한 공동체로 부패하게 하려던 사탄의 궤계를 막고 교회를 거룩하게 지킨 사건입니다.

교회와 신자 안에서도 성령과 육신이 서로 대적합니다(갈 5:17). 새 시대의 성령에 속한 신자도 옛 사람의 존재 방식인 육신을 따라 살므로 더럽고 악한 육체의 일을 행할 수 있습니다. 바울은 음행과 호색과 우상숭배와 같은 육체의 일을 행하는 이는 하나님 나라를 유업으로 받지 못할 것이라고 경고하였습니다(갈 5:19-21). 이어서 그는 새로운 존재 방식인 성령을 따라 행한 결과로 나타나는 성령의 열매가 육체의 일과 얼마나 극적인 대조를 이루는지 묘사했습니다. "오직 성령의 열매는 사랑과 희락과 화평과 오래 참음과 자비와 양선과 충성과 온유와 절제니 이 같은 것을 금지할 법이 없느니라"(갈 5:22-23).

바울은 성령에 속한 사람에게는 성령을 대적하는 육신의 소욕을 따라 살지 말아야 할 책임이 있음을 강조했습니다. "그러므로 형제들아, 우리가 빚진 자로되 육신에게 져서 육신대로 살 것이 아니니라. 너희가 육신대로 살면 반드시 죽을 것이로되 영으로써 몸의 행실을 죽이면 살리니"(롬 8:12-13). 그러나 초대교회 가운데 육신을 따라 행하는 모습이 확연히 나타나기도 했습니다. 고린도 교회에는 음행과 같은 부도덕한 행위가 있었습니다. 그들은 새 시대의 선물인 성령의 은사까지도 육신의 방식을 따라 사용함으로 교회에 갈등과 분쟁을 일으켰지요. 그래서 바울은 그들을 향하여 육신에 속한 자라고 책망했습니다. "너희는 아직도 육신에 속한 자로다. 너희 가운데 시기와 분쟁이 있으니 어찌 육신에 속하여 사람을 따라 행함이 아니리요"(고전 3:3).

이 말씀을 근거로 그리스도인을 육적인 신자와 영적인

신자로 나누는 것은 타당하지 않습니다. 바울이 의도한 바는 그들이 이미 성령에 속한 사람들인데 왜 아직도 옛 시대의 존재 방식인 육신을 따라 행하느냐고 힐문한 것입니다. 그는 서신의 서두에서부터 고린도 교인들이 그리스도 안에서 이미 거룩하여지고 성도로 부름을 받은 새로운 존재임을 일깨워 주었습니다(고전 1:2). 그리고 그들이 성령이 거하는 성전임을 누누이 강조했지요(고전 3:16). 그러니 더 이상 옛 삶의 방식인 육신이 아니라 새로운 삶의 방식인 성령을 따라 살라는 것입니다. 사랑을 따라 은사를 활용하는 것도 그런 새로운 봉사의 방식입니다(고전 13:1-7). 고린도 교회에서 볼 수 있듯이, 성령의 은사가 교회에서 구체적으로 나타날 때도 육신과 성령 사이의 종말론적인 갈등이 나타납니다.

고난과 탄식

새 창조가 이미 임했으나 아직도 완성되지 않은 종말에 존재하는 교회와 그리스도인에게 고난은 피할 수 없는 분깃입니다. 성령으로 충만한 제자들에게는 고난도 충만했습니다. 성령의 능력은 고난을 면제해 주는 것이 아니라 잘 감당하게 하는 능력이었습니다. "그리스도를 위하여 너희에게 은혜를 주신 것은 다만 그를 믿을 뿐 아니라 또한 그를 위하여 고난도 받게 하려 하심이라"(빌 1:29).

교회와 신자는 성령 안에서 이미 부활 생명에 참여하여 그 속사람이 날로 새로워지지만, 그 겉사람 곧 사망의 몸은 쇠하고 낡아집니다(고후 5:16). 이 땅에서 살 동안 우리 죽을 몸이 성령의 전으로 부활의 생명이 약동하며 흘러가는 통로가 됩니다. 그러나 부활의 능력도 몸이 쇠약하고 병들고 죽는 것을 막을 수 없습니다. 이 땅에서 사망의 몸을 입고 있는 한, 신자는 고난과 죽음에 종속되며 몸의 구속을 기다리며 소망합니다. "그뿐 아니라 또한 우리 곧 성령의 처음 익은 열매를 받은 우리까지도 속으로 탄식하여 양자될 것 곧 우리 몸의 속량을 기다리느니라"(롬 8:23). 성령의 첫 열매를 맛봄으로 우리 몸의 부활과 만물의 갱신을 가져오는 성령의 풍성한 수확을 향한 탄식과 소망은 더욱 깊어집니다. 그러므로 우리는 소망으로 구원을 얻었다고 합니다(롬 8:24).

바울은 인간과 함께 피조물도 탄식한다고 말합니다. "피조물이 다 이제까지 함께 탄식하며 함께 고통을 겪고 있는 것을 우리가 아느니라"(롬 8:22). 또 피조물이 허무한 데 굴복했다고 말하는데(롬 8:20), 허무한 데란 공허함, 무익함, 목적 없음, 덧없음을 의미합니다. 인간이 범죄함으로 허무한 데 굴복했는데 피조물도 똑같은 운명에 처한 것입니다. 피조물 스스로가 원하지 않음에도 이렇게 허무한 데 굴복해 있는 현 상태로 인해 탄식하며 신음합니다.

인간의 죄로 인해 피조물에게도 저주가 임했기에 인간이 하나님의 아들로 구속받아야 그들도 그 저주에서 해방되고 구원받게 됩니다. 그러니 피조물도 하나님의 아들의 영광이 나타나기를 학수고대합니다. "그 바라는 것은 피조물도 썩어짐의 종노릇한 데서 해방되어 하나님의 자녀들의 영광의 자유에 이르는 것이니라"(롬 8:21). 이 땅에 가득한 피조물의 신음은 하나님 자녀들의 몸의 구속, 부활을 기다리는 소망 어린 탄식이기도 합니다. 피조물들은 이 기대와 소망으로 가득합니다.

그런데 정작 이 소망으로 충만해야 할 인간에게는 그러한 소망이 별로 없습니다. 온 피조물이 고통받으며 신음하는데도 인간은 이 땅에서 육신적으로 더 편하고 풍족하게 살려는 욕망으로 가득합니다. 자연과 피조물은 이런 우리를 보고 탄식할 것입니다. 왜 하나님 자녀의 영광에 이르는 소망과 기대가 피조물인 자신들보다 없느냐고 외치는 것 같습니다.

우리 인간과 피조물은 같은 운명 공동체입니다. 우리 죄의 결과가 피조물에 미쳤듯이, 구원도 피조물과 함께 받는 것입니다. 우리 몸이 속량받을 때, 즉 우리 몸이 썩어질 것에서 해방되어 부활할 때 모든 자연과 피조물도 새롭게 될 것입니다. 이 땅과 하늘도 우리가 영광스러운 부활의 육체로 살기에 적합한 새로운 하늘과 땅으로 변할 것입니다. 지금의 하늘과 땅이 완전히 없어지기보다 획기적으로 새로워질 것입니다. 새 시대의 첫 열매인 성령을 따라 사는 이는 아직 구원받지 못한 우리 몸과 세상으로 인해 신음하며 탄식합니다. 그와 동시에 현재의 고난과 비교할 수 없는 미래의 영광, 몸의 부활과 새로운 땅과 하늘을 간절히 소망합니다.

1 성령을 가리켜 첫 열매, 보증, 인이라고 했습니다. 보증금을 받은 사람만이 나중에 잔금도 받습니다. 여러분은 영생과 하나님 나라의 보증금을 받았으며, 하나님 나라의 첫 열매를 맛보고 있습니까?

2 누구든지 그리스도 안에 있으면 새로운 피조물입니다. 이전 것은 지나가고 새것이 되었다는 사실을 함께 나누어 봅시다.

3 전에 땅에 속한 사람이었던 우리가 예수를 믿고 성령으로 거듭남으로 "하늘에 속한" 사람이 되었습니다. 하늘에 속한 사람이 누리는 특권과 추구해야 할 것은 무엇입니까?

4 마지막 날 그 육체가 부활할 사람이 누구인지는 현재의 삶에서 어느 정도 드러나는데 어떻게 드러납니까?

5 아직 죄 아래 있는 옛 시대와 이미 임한 새 시대는 공존하며, 두 가지 존재 방식 곧 육신과 성령은 서로 충돌합니다. 교회와 우리 안에 어떤 대립과 충돌이 일어나고 있습니까?

6 옛 세상을 사는 동안 신자의 삶에는 고난과 탄식이 있습니다. 성령의 능력은 고난을 면제해 주는 것이 아니라 잘 감당하게 하는 능력이라는 사실을 알고 있습니까?

7 우리 죄의 결과로 피조물도 탄식하며 우리의 구속을 기다린다는 말씀에 비추어 환경적 위기에 처한 오늘의 상황을 나누어 봅시다.

6장

성령 안에 임한
하나님 나라

1. 하나님 나라의 복음

바울의 복음은 예수의 복음과 다르다?

초대교회와 제자들이 전한 복음은 사람들을 **하나님 나라**로 초청하는 것이었습니다. 그들은 구약에서 대망한 종말론적인 하나님의 통치와 구원이 임했음을 전파했습니다. 예수님도 그 나라가 임박했음을 전하셨는데, 그분의 설교와 가르침의 핵심 주제는 하나님 나라였습니다. 예수님이 드신 비유들—씨 뿌리는 비유, 탕자의 비유, 포도원 품꾼의 비유 등—도 모두 하나님 나라에 관한 것이었습니다. 주님이 가르치신 주기도도 하나님 나라를 향한 부르짖음이라고 할 수 있습니다. 주님이 병자를 고치고 귀신 들린 이들을 구원하신 사역도 하나님 나라가 능력으로 임하는 표징이었습니다. 그분의 죽음은 하나님 나라가 이 땅에 임하도록 하기 위해 떨어져 죽은 한 알의 밀알과 같은 것이었습니다. 예수님의 가르침과 사역, 죽음과 부활은 모두 하나님 나라에 초점이 맞추어져 있습니다.

그런데 사도행전이나 서신서를 보면 복음서에 가득한 하나님 나라나 천국이라는 단어가 자주 등장하지 않습니다. 그래서 제자들은 예수님처럼 하나님 나라를 전하지 않았다는 의혹이 제기됩니다. 예수님이 하나님 나라를 전했다면, 제자들은 그 예수님을 전했습니다. 베드로와 바울이 전한 복음의 핵심은 예수 그리스도의 죽음과 부활(승천 포함)이었습니다. 그러나 그 복음 또한 예수님이 말씀하신 임박한 하나님 나라가 그분의 죽음과 부활로 말미암아 어떻게 이 땅에 구체적으로 실현되었는지에 관한 진술이었습니다. 그런 점에서 예수님이 전파하신 하나님 나라 복음의 연장이라고 볼 수 있습니다.

사도행전은 예수님이 부활한 뒤 승천하시기까지 하나님 나라의 일을 말씀하셨다는 언급으로 시작합니다(행 1:3). 그리고 바울이 하나님 나라를 전파했다는 말로 끝맺습니다(행

28:31). 예수님에 이어서 사도들도 하나님 나라를 전했음을 증거한 것입니다. 누가는 빌립이 하나님 나라를 전파했다고 명시했습니다. "빌립이 하나님 나라와 및 예수 그리스도의 이름에 관하여 전도함을 그들이 믿고 남녀가 다 세례를 받으니"(행 8:12). 또 바울이 여러 지역을 순회하며 전한 복음 역시 하나님 나라였다는 사실을 거듭 언급했습니다. "보라, 내가 여러분 중에 왕래하며 하나님의 나라를 전파하였으나 이제는 여러분이 다 내 얼굴을 다시 보지 못할 줄 아노라"(행 20:25). "그들이 날짜를 정하고 그가 유숙하는 집에 많이 오니 바울이 아침부터 저녁까지 강론하여 하나님의 나라를 증언하고 모세의 율법과 선지자의 말을 가지고 예수에 대하여 권하더라"(행 28:23). 주님이 귀신을 쫓아내며 치유하신 사역이 하나님 나라가 임하는 표징이었듯이, 제자들이 귀신 들린 자를 해방하며 병자들을 고친 것도 하나님 나라가 능력으로 임하는 사인sign이었습니다.

바울의 서신서에 하나님 나라라는 용어는 드물게 등장합니다. 로마서에서는 한 번밖에 나타나지 않습니다. 그러나 로마서에도 하나님 나라와 통치를 뜻하는 표현과 진술은 풍부하게 나타납니다. 그리스도 안에서 죄가 지배하지 못하고 은혜가 왕노릇한다는 말은 전형적인 통치 개념입니다. "이는 죄가 사망 안에서 왕노릇한 것같이 은혜도 또한 의로 말미암아 왕노릇하여 우리 주 예수 그리스도로 말미암아 영생에 이르게 하려 함이라"(롬 5:21). "죄가 너희를 주장하지 못하리니 이는 너희가 법 아래에 있지 아니하고 은혜 아래에 있음이라"(롬 6:14).

바울이 로마서에서 전한 칭의의 복음과 해방의 복음도 그리스도의 죽음과 부활로 임한 하나님 나라에 관한 진술입니다. 죄인이 믿음으로 말미암아 은혜와 의가 왕노릇하는 하나님 나라에 들어가는 복음이지요. 그는 예수님의 십자가와 부활로 실현된 하나님 나라의 복락을 이렇게 요약했습니다. "하나님의 나라는 먹는 것과 마시는 것이 아니요 오직 성령 안에 있는 의와 평강과 희락이라"(롬 14:17). 그리스도와 성령 안에서 누리는 하나님 나라의 첫 열매는 의와 평강과 희락입니다.

천국은 그 맛에 익숙해진 사람만 들어갈 수 있는 곳

바울이 전한 하나님 나라는 성령 안에서 이미 우리 가운데 실현된 실체입니다. 예수님도 하나님 나라가 이미 너희 안에 있다고 하셨습니다(눅 17:20-21). 또한 주님이 하나님의 손을 힘입어 귀신을 쫓아내신 것은 하나님 나라가 이미 너희에게 임한 표징이라고 말씀하셨습니다(눅 11:20). 제자들과 바울이 전한 하나님 나라도 사후의 세계만을 의미하지 않습니다. 하나님 나라는 그리스도와 성령 안에서 이미 우리 가운데 임했습니다. 하나님 나라는 우리가 가는 게 아니라 우리에게 온 것입니다. 이 땅에 임한 하나님 나라에 우리가 들어가는 것입니다. 그래서 천국은 죽어서 가는 게 아니라 살아서만 갈 수 있는 곳입니다. 살아서 이 땅에 임한 하나님 나라에 들어가 그 나라를 누리지 않은 이는 죽어서도 그 나라에 결단코 들어가지 못할 것입니다. 주님의 말씀대로 성령으로 거듭난 사람만이 그리스도 안에 임한 하나님 나라를 발견하고 그리로 들어갈 수 있습니다.

사람들이 천국을 고통과 불행이 없고 행복과 희락이 있는 곳으로만 생각합니다. 그러니 모두 그런 천국에 가기를 원합니다. 그러나 천국은 거룩하신 하나님이 임재하며 다스리시는 곳입니다. 이 땅에서 잠시 하나님의 임재 가운데 사는 것을 싫어하는 사람이 과연 영원히 하나님의 거룩한 임재 가운데 사는 것을 원할까요? 이 땅에서 잠시 하나님의 통치를 받는 것을 거부하고 제멋대로 사는 사람이 영원히 하나님의 통치 아래 사는 것을 견딜 수 있을까요? 천국에 대한 가장 큰 오해는 하나님 나라와 아무 상관이 없는 삶을 하루하루 살다가 죽으면 천국에 갈 것으로 생각하는 것입니다. 하지만 그것은 헛된 기대입니다.

천국이 어떤 사람에게는 무한한 기쁨이지만, 어떤 사람에

성령이 임하시면 권능을 받고

게는 영원한 고문이 될 수 있습니다. C. S. 루이스가 말한 대로, 모기의 천국이 인간에게는 지옥이 될 수 있지요.[1] 천국은 그 맛에 익숙해진 사람들만을 위한 곳이라는 말이 있습니다. 우리 가운데 임한 하나님 나라를 맛본 사람, 그 나라를 보다 풍성하게 누리기를 사모하고 추구하는 사람만이 영원한 하나님 나라에 들어갑니다.

믿음이 무엇인가요? 믿음을 그저 죽어서 천국 가는 티켓 정도로 생각하면 곤란합니다. 믿음은 이 땅에서 하나님의 통치를 거부하고 제멋대로 살아도 죽은 뒤 천국을 보장해 주는 매직과 같은 것이 아닙니다. 믿음은 이 땅에 임한 하나님 나라에 들어가 그 나라를 살아가는 방편이며 원리입니다. 믿음으로 산다는 것은 하나님 나라에서 지금부터 살아가기입니다. 하나님 나라에서 영원히 살기에 적합한 사람으로 훈련되는 가운데 천국에 어울리는 인격자로 성숙해 가는 것입니다. 교회는 그리스도의 다스림을 받으며 그 통치를 온 세상에 증거하는 하나님 나라 공동체입니다. 교회 안에 들어왔지만, 하나님 나라에는 들어오지 못할 수 있습니다. 평생 그 문 앞에서 서성거리다가 결국 그 나라에 들어가지 못할 수 있지요. 교회에 하나님 나라보다 이 세상 나라에 속한 이들이 많을 때, 교회는 세상과 구별된 하나님 나라 공동체의 구실을 하지 못합니다.

2. 하나님 나라의 복

의로움

하나님 나라 복음의 핵심은 **의로움**입니다. 하나님의 의로운 통치 아래 들어갈 수 있는 사람은 하나님이 인정하시는 의인입니다. 그런데 성경은 그런 의인은 하나도 없다고 말합니다(롬 3:10). 율법의 행위로 하나님 앞에 의롭다고 인정받을 육체는 없다는 것입니다. 율법은 오히려 온 세상의 모든 사람이 하나님의 심판 아래 있다는 선고를 내립니다(롬 3:19-20).

바울은 율법 외에 하나님 나라에 들어갈 수 있는 새로운 의의 길이 열렸음을 증거했습니다. "이제는 율법 외에 하나님의 한 의가 나타났으니 율법과 선지자들에게 증거를 받은 것이라. 곧 예수 그리스도를 믿음으로 말미암아 모든 믿는 자에게 미치는 하나님의 의니 차별이 없느니라. 모든 사람이 죄를 범하였으매 하나님의 영광에 이르지 못하더니 그리스도 예수 안에 있는 속량으로 말미암아 하나님의 은혜로 값없이 의롭다 하심을 얻은 자 되었느니라"(롬 3:21-24). 그 의로움은 예수님의 구속 사역으로 말미암아 믿는 자에게 값없이 주어지는 선물이라는 것입니다.

하나님 나라에 들어갈 수 있는 조건이며 자격인 의로움이 믿는 자에게 선물로 주어집니다. 이 의로움은 우리가 이룬 것이 아니라 타자가 이룬 것이지요. 예수님이 우리 대신 십자가에서 율법의 저주를 받아 죽으시고 부활하심으로 성취하신 하나님의 의입니다(롬 4:25). 마지막 아담의 순종으로 많은 사람이 의인이 된 것입니다(롬 5:19). 그래서 종교개혁자 마르틴 루터는 이를 가리켜 "낯선 의로움"alien righteousness이라고 했습니다.

믿음은 그 선물을 받는 손과 같습니다. 믿음으로 의롭다 함을 받지만 믿음이 칭의의 조건이나 근거는 아닙니다. 만약 그렇다면 믿음이 또 하나의 행위와 공로가 됩니다. 믿음의 효력과 가치는 오직 예수님의 십자가와 부활로 성취하신 의로움만을 바라보고 의지하는 데 있습니다. 그런 믿음도 복음의 말씀을 들음에서 나옵니다. 성령의 은혜로 산출되는 것이지요. 그래서 구원과 함께 믿음도 선물의 한 세트입니다(엡 2:8).

화평과 희락

믿음으로 의롭다 함을 받은 이들이 하나님 나라에 들어가서 누리는 복이 무엇일까요? 그것은 하나님이 임재하시는 은혜의 세계에 들어가 하나님과 **화평**을 누리는 것입니다. 바울은 이렇게 말합니다. "그러므로 우리가 믿음으로 의롭다 하심을 받았으니 우리 주 예수 그리스도로 말미암아 하나님과 화평을 누리자. 또한 그로 말미암아 우리가 믿음으로 서 있는 이 은혜에 들어감을 얻었으며 하나님의 영광을 바라고 즐거워하느니라"(롬 5:1-2).

죄의 결과는 하나님과의 단절이며 불화이고 소외입니다. 하나님이 원래 인간을 창조하신 목적과 뜻에 맞는 복되고 온전한 상태인 샬롬 곧 평강을 상실한 것이지요. 하나님이 인간을 창조하시고 보시기에 심히 좋았다고 하셨는데(창 1:31), 죄로 망가져 샬롬을 상실한 인간의 상태는 심히 나쁘고 비참합니다. 구원 곧 새 창조는 죄로 잃어버린 샬롬을 더 복된 차원으로 회복하는 것입니다. 부활하신 주님이 제자들에게 주신 새 창조의 첫 번째 열매가 바로 샬롬이었습니다. 주님이 부활하신 뒤 그들에게 나타나 "너희에게 평강이 있을지어다"라고 하셨지요. 그리고 그들을 향해 숨을 내쉬며 "성령을 받으라"고 하셨습니다(요 20:21-22).

부활하신 주님이 주시는 성령은 평강의 영입니다. 성령은 죄로 파괴된 관계와 공동체를 복구하십니다. 성령은 하나님과의 단절과 소외를 치유하여 우리를 삼위 하나님과의 연합으로 이끄십니다. 성령의 새 창조는 우리 존재의 중심을 근본적으로 전환합니다. 그 중심이 자아에서 떨어져 나와 하나님께 재부팅됩니다. 자기 안에 굽어 있는 자폐적인 존재 가운데는 하나님과 타자가 들어갈 자리가 없습니다. 그런데 성령이 임하시면 자기 안에 폐쇄된 경계가 무너지고 하나님과 타자를 위한 넓은 공간이 창조됩니다. 성령은 우리 안에서 확장 공사를 하시는 분입니다. 자기밖에 들어갈 수 없는 비좁은 자아의 옛집을 허물고, 하나님과 이웃이 들어갈 수 있는 넓은 새집을 짓습니다. 그래서 앞에서 말했듯이 성령을 '집 짓는 영'이라고도 합니다. 성령은 우리에게 오셔서 우리 안에 하나님의 거처를 마련하십니다.

성령이 오심으로 탄생한 신약 교회는 샬롬 공동체였습니다. 이 새 창조의 은혜로 탄생한 공동체의 모습이 사도행전에 잘 묘사되어 있습니다. "믿는 사람이 다 함께 있어 모든 물건을 서로 통용하고 또 재산과 소유를 팔아 각 사람의 필요를 따라 나눠 주며 날마다 마음을 같이하여 성전에 모이기를 힘쓰고 집에서 떡을 떼며 기쁨과 순전한 마음으로 음식을 먹고 하나님을 찬미하며 또 온 백성에게 칭송을 받으니 주께서 구원 받는 사람을 날마다 더하게 하시니라"(행 2:44-47). 성령이 임하시자 하나님과 화평을 누리고 서로 섬기며 사랑의 기쁨을 나누는 새로운 공동체가 등장했습니다. 이것이 성령 안에서 사랑과 평강과 희락을 누리는 하나님 나라 공동체, 참된 교회의 모습입니다.

구약에서 종말에 임할 메시아 왕국에서는 가난한 자가

없을 것이라고 했습니다. 이 종말론적 소망이 하나님 나라 공동체인 교회에 실현된 것입니다. 오늘날에도 교회는 특별히 궁핍한 성도들을 돌아보는 데 힘써야 합니다. 자신의 부를 가난한 성도에게 나눔으로 교회는 하나됨과 균등함을 이루어 갑니다. 바울 사도는 빈궁에 처한 예루살렘 교회를 위해 이방 교회들이 그들의 물질을 나누는 것을 그런 의미로 설명하였습니다. "이제 너희의 넉넉한 것으로 그들의 부족한 것을 보충함은 후에 그들의 넉넉한 것으로 너희의 부족한 것을 보충하여 균등하게 하려 함이라"(고후 8:14).

온 백성이 그런 샬롬 공동체의 모습과 삶을 보고 칭송하자 주께서 믿는 자의 수를 더하셨다고 했습니다. 하나님이 그들로 인해 세상에서 영광을 받으신 것입니다. 이와 비슷한 언급이 또 등장합니다. "그리하여 온 유대와 갈릴리와 사마리아 교회가 평안하여 든든히 서 가고 주를 경외함과 성령의 위로로 진행하여 수가 더 많아지니라"(행 9:31). 사도행전을 기록한 누가는 건강하고 아름다운 교회와 그리스도인의 모습 자체가 세상의 빛이 되는 전도의 효력이 있다고 본 것입니다. 교회는 세상에 이 샬롬을 증거하며 흘러가게 하는 공동체입니다.

성령은 평안의 복음을 증거하는 제자들에게 인간적으로 심히 두렵고 불안할 수밖에 없는 상황에서도 평안할 수 있는 능력을 부여하셨습니다. 이 권능이 없었다면 제자들은 복음 사역을 제대로 감당하지 못했을 것입니다. 베드로는 감옥에 갇혀 내일이면 공회에 끌려가 죽을지도 모르는 상황에서 사슬에 묶인 채 곤히 잠들었습니다. "헤롯이 잡아내려고 하는 그 전날 밤에 베드로가 두 군인 틈에서 두 쇠사슬에 매여 누워 자는데 파수꾼들이 문 밖에서 옥을 지키더니 홀연히 주의 사자가 나타나매 옥중에 광채가 빛나며 또 베드로의 옆구리를 쳐 깨워 이르되 급히 일어나라 하니 쇠사슬이 그 손에서 벗어지더라"(행 12:6-7). 베드로가 얼마나 깊이 잠들었으면 천사가 그의 옆구리를 쳐서 깨웠다고 했을까요?

주님이 그런 평안의 은혜를 주시겠다고 제자들에게 약속하셨습니다. "평안을 너희에게 끼치노니 곧 나의 평안을 너희에게 주노라. 내가 너희에게 주는 것은 세상이 주는 것과 같지 아니하니라. 너희는 마음에 근심하지도 말고 두려워하지도 말라"(요 14:27). 사도행전에서 누가는 요한이 증거한 보혜사의 약속이 구체적으로 성취된 것을 기록하였습니다.

성령 안에서 누리는 하나님 나라의 또 다른 복은 **희락**입니다. 바울 사도는 믿음으로 의롭다 함을 받고 은혜의 세계에 들어가 하나님과 화평을 누리는 이들은 하나님의 영광을 바라고 즐거워한다고 했습니다(롬 5:2). 심지어 환난 속에서도 즐거워한다고 말합니다(롬 5:3). 데살로니가 교인들은 많은 환난 가운데서 성령의 기쁨으로 말씀을 받았습니다(살전 1:6). 사도들도 핍박을 받으면서도 기뻐했습니다. "사도들은 그 이름을 위하여 능욕 받는 일에 합당한 자로 여기심을 기뻐하면서 공회 앞을 떠나니라"(행 5:41). 이 기쁨은 이 세상의 환난과 핍박과 우울을 이기는 하나님 나라의 능력이 역사한다는 증거가 됩니다. 그래서 바울은 자신이 고난 가운데 있으면서도 기뻐하며 고난받는 이들에게 계속 기뻐하라고 권면했습니다(빌 4:4). 환난과 핍박 속에서도 평강과 기쁨이 있게 하는 성령의 능력은 옛 시대에 역사하는 죄와 사망의 세력을 이기는 새 시대의 능력입니다.

1 비록 사도행전이나 서신서에 하나님 나라라는 용어가 복음서에서처럼 많이 등장하지 않지만, 제자들도 예수님처럼 하나님 나라의 복음을 전했습니다. 로마서에서 바울이 전한 하나님 나라의 복음은 무엇입니까?

2 천국 곧 하나님 나라는 죽어서 가는 게 아니라 살아서만 갈 수 있습니다. 어떻게 이 땅에 임한 천국을 발견하고 들어갈 수 있습니까? 여러분은 그 천국에 들어가 천국을 누리고 있습니까?

3 하나님 나라에 들어갈 수 있는 조건이자 자격인 의로움을 어떻게 얻을 수 있습니까?

4 하나님 나라에 들어가서 누리는 복은 무엇입니까?

5 성령은 우리의 중심을 어떻게 변화시킵니까?

6 우리 삶에 환난 가운데서도 즐거워하는 성령의 기쁨이 얼마나 필요한지 나누어 봅시다.

7장

성령 안에서
하나님 나라 살아가기

1. 몸으로 사는 하나님 나라

산 제물

하나님 나라에는 특권과 의무가 맞물려 있습니다. 하나님 나라의 의무를 저버리면서 그 나라의 복과 특권만 누릴 수는 없습니다. 바울은 그리스도 안에서 옛 통치와 주권이 새로운 통치로 전환되었다는 해방의 복음을 전하면서, 그 사실에 입각한 정체성의 확립을 촉구하였습니다. "이와 같이 너희도 너희 자신을 죄에 대하여는 죽은 자요 그리스도 예수 안에서 하나님께 대하여는 살아 있는 자로 여길지어다"(롬 6:11).

'여기라'는 말은 사실이 아닌 것을 심리적으로 그렇다고 조작하라는 뜻이 아닙니다. 그리스도 안에서 이미 일어난 확실한 구원론적인 사실에 대한 확신 위에 서라는 권면이지요. 그리스도 안에 있는 이는 더 이상 죄의 지배 아래 있는 옛 사람이 아닙니다. 이전 것은 사라지고 이제 하나님의 통치를 받는 새 사람이 되었습니다. 그러므로 신자는 그리스도 안에서 자신이 누구인지에 대해 확고히 인식해야 합니다.

바울은 이어서 그렇게 새로워진 존재로서 행동하고 살라는 지침을 줍니다. "그러므로 너희는 죄가 너희 죽을 몸을 지배하지 못하게 하여 몸의 사욕에 순종하지 말고 또한 너희 지체를 불의의 무기로 죄에게 내주지 말고 오직 너희 자신을 죽은 자 가운데서 다시 살아난 자같이 하나님께 드리며 너희 지체를 의의 무기로 하나님께 드리라"(롬 6:12-13). 그럴 때 죄의 지배에서 해방되었다는 객관적인 사실이 주관적으로 체험된다는 것입니다. "죄가 너희를 주장하지 못하리니 이는 너희가 법 아래에 있지 아니하고 은혜 아래에 있음이라"(롬 6:14). 같은 맥락에서 바울은 "너희 몸을 하나님이 기뻐하시는 산 제물로 드리라"고 했습니다(롬 12:1). 제물은 보통 죽은 것인데 **산 제물**이라고 한 것은 희한한 조합입니다. 그러나 이 말보다 그리스도 안에서의 새로운 삶을 적절하게 표현할 수는 없을 것입니다. 그리스도 안에 있는 자는 살아 있지만 죽었습니다. 죄와 사망의 세력이 다스리는 옛 존재의 방식과 세상에 대해 확실히 죽었습니다. 성령은 우리 옛 사람이 주님과 함께 십자가에 못 박힘을 우리 삶 가운데 체험하게 하십니다. 그래서 성령은 우리 옛 사람을 확실하게 장사지내 주는 위대한 장의사라는 말이 있습니다. 성령은 매일 우리를 십자가로 인도하며 살아 있지만 죽은 자로 살게 합니다.

혀에 임한 하나님 나라

우리 몸의 지체를 불의의 무기로 죄에게 주지 않고 의의 무기로 하나님께 드리는 것은 구체적으로 어떻게 하는 것일까요? 예를 들어 우리는 가장 악하고 길들이기 힘든 몸의 지체인 **혀**를 의의 무기로 하나님께 드릴 수도 있고, 반대로 불의의 병기로 죄에게 내줄 수도 있습니다. 오늘날 교회에서 일어나는 많은 갈등과 분쟁, 사회에 난무하는 거짓과 불의는 혀를 불의의 무기로 죄에게 내주는 데서 비롯됩니다. 그러나 혀를 의의 무기로 하나님께 드릴 때, 풍성한 생명과 화평의 열매를 맺게 됩니다. 살리고 죽이는 권세가 혀에 있다고 했습니다. 혀가 하나님 나라를 증거하고 확장하는 의의 도구가 될 수 있는 반면에, 어두움의 왕국을 번성하게 하는 마귀의 도구가 될 수 있습니다. 초대교회에서도 혀가 하나

성령이 임하시면 권능을 받고

님 나라가 전진하는 것을 방해하는 사탄의 무기로 사용된 사례를 아나니아와 삽비라의 경우를 통해 볼 수 있습니다 (행 5:3-4).

오순절에 성령이 불의 혀 같은 형상으로 각 사람 위에 임했습니다. 불의 혀는 여러 가지를 상징할 수 있습니다. 그 중 하나는 하나님의 영광을 직면하고 "화로다 나여, 망하게 되었도다. 입술이 부정한 사람으로 만군의 하나님을 뵈었다"고 부르짖은 이사야의 입술을 숯불로 정화하신 사건을 연상하게 합니다(사 6:3-8). 이사야의 입술을 정결하게 하여 주님의 말씀을 대변하게 하셨듯이, 성령이 제자들의 혀를 정화하여 하나님 나라의 큰일을 전파하는 도구가 되게 하셨습니다.

우리가 가장 제어하기 힘든 혀가 성령에 의해 통제되는 것이 우리 전인이 성령에 의해 주관되는 증거입니다. 하나님 나라가 우리에게 온전히 임한 것입니다. 주님의 통치가 임한 혀가 하나님 나라를 증거하며 확장하는 도구가 됩니다. 다스림을 받는 혀에 다스리는 권세가 있습니다. 성령께 다스림을 받는 혀에서 흘러나오는 온유하고 지혜로우며 은혜로운 말이 사람들을 감화하고 설복하는 능력이 있습니다. 성령께 통제된 혀를 통해 사람들을 살리는 복음의 능력이 흘러갑니다.

우리 몸을 하나님이 기뻐하시는 산 제물로 드릴 때 하나님
의 통치와 나라가 우리 안에 실현됩니다(롬 12:1). 하나님 나
라를 사는 신앙은 보이지 않는 어떤 것이 아니라 몸으로 구
체적으로 표현되는 것입니다. 하나님의 통치를 받는 새 사
람의 성품 곧 성령의 열매는 몸으로 나타나는 것이지요. 그
말과 행동, 눈빛과 태도, 인상으로 표출됩니다. 성령은 우리
마음에도 거하십니다. 그러나 성경은 특별히 몸을 성령이
거하시는 **성전**이라고 했습니다(고전 3:16). 그것은 우리 몸이
하나님의 임재와 영광을 밖으로 드러내며 성령의 생명수를
흘러넘치게 하는 성전 기능을 한다는 점을 부각한 것이라고
봅니다. 성령은 우리 몸을 통해 그리스도의 생명과 형상이
재현되게 하십니다. 그래서 사람들이 그 몸의 행실과 성품
과 얼굴에서 그리스도를 보고 느낄 수 있게 하십니다. 그런
면에서 우리 몸이 세상에 하나님 나라를 증거하고 확장하는
성령의 이동 성전인 셈입니다.

우리 몸을 성전으로 하나님께 헌신하지 않는 한 성령을
보내신 하나님의 뜻과 목적은 결코 우리 안에 이루어지지
않습니다. 그리스도의 형상으로 변화되는 영적 성숙이 이루
어질 수 없고, 하나님의 통치가 우리 가운데 임할 수 없습니
다. 그래서 바울 사도는 로마서에서 복음의 은혜를 제시하

고 바로 이어서 너희 몸을 하나님이 기뻐하시는 거룩한 산 제물로 드리라고 간곡히 권면했습니다.

그러나 자기 마음대로 몸을 부리고 살던 오랜 습관에 젖어 있는 우리가 이렇게 헌신하는 일은 쉽지 않습니다. 지금까지 우리는 자신이 하고 싶은 대로 몸을 움직이며 살아왔습니다. 말하고 싶은 대로 혀를 움직이고, 보고 싶은 대로 눈길을 돌리고, 가고 싶은 대로 발길을 옮겼습니다. 우리가 마음대로 할 수 있는 것은 우리 몸뿐인데, 그 몸을 통제하는 권한까지 성령께 양도한다는 것은 자유를 잃고 속박당하는 것 같습니다. 그래서 싫은 것이지요.

오늘날 많은 교인이 마음은 하나님의 은혜로 평안하기 원하지만, 몸은 세상 쾌락으로 즐겁게 하려고 합니다. 마음으로는 하나님 나라를 추구한다고 하지만, 몸으로는 세상을 좇습니다. 이런 이중적인 신앙생활이 신자를 여전히 죄의 통치에서 벗어나지 못하게 합니다. 또 세상의 악하고 음란한 문화 속에 범람하는 유혹이 우리 몸에 깊이 밴 습관을 자극하여 죄로 치우치게 합니다. 몸이 음란이나 죄의 짜릿한 쾌감을 한번 맛보게 되면, 이후로 그런 자극과 흥분을 생리적으로 목말라합니다. 몸으로 죄를 허용함으로 그것이 점차 습관이 되면 결국 강박이 되고 중독이 됩니다. 몸이 죄를 짓지 않고는 견디지 못하는 지경에 이르게 되는 것입니다. 우리가 마음으로 원하지 않아도 우리 몸은 우리의 생각과 의지를 거슬러 죄로 치우치게 합니다. 우리 몸 안에 죄의 관성과 같은 일종의 죄의 법이 작동하는 것이지요.

우리 몸을 죄로 더럽히면 몸이 성전의 기능을 하지 못합니다. 몸이 그리스도의 형상을 반영하는 거울이 되지 못하며, 생명수를 흘러가게 하는 통로가 되지 못합니다. 우리 몸이 오히려 죄의 오물이 넘쳐흐르는 통로가 됩니다. 아름다운 그리스도의 형상이 아니라, 죄로 더럽혀지고 일그러진 형상으로 변화됩니다. 그래서 바울 사도는 성전인 우리 몸을 더럽히는 죄의 심각성을 지적했습니다. 그는 그리스도인들에게 음행은 다른 죄와는 달리 자기 몸에 범죄하는 것이라고 했습니다(고전 6:18). 음행은 성령이 거하시는 성전을 더럽히는 특별한 죄라는 뜻입니다. 이어서 바울은 "너희 몸은 너희가 하나님께로부터 받은 바 너희 가운데 계신 성령의 전인 줄을 알지 못하느냐. 너희는 너희 자신의 것이 아니라 값으로 산 것이 되었으니 그런즉 너희 몸으로 하나님께 영광을 돌리라"고 했습니다(고전 6:19-20).

몸으로 하나님 나라와 영광을 증거하는 삶을 살기 위해서는, 우리 몸이 더 이상 우리 것이 아니라 하나님이 그 아들의 핏값으로 사신 것이라는 사실을 인식하고 몸의 소유권과 주권을 주님께 양도해야 합니다. 그와 동시에 죄에 익숙한

성령이 임하시면 권능을 받고

우리 몸이 성령의 통제에 길들게 되는 새로운 체질로 바뀌어야 합니다. 물론 그런 변화도 성령의 은혜로 이루어집니다. 술을 계속 마시는 몸이 술을 목말라하듯이, 성령의 새 술을 맛본 육체가 그 술을 찾습니다. 죄에 중독된 몸이 계속 죄를 목말라하듯이, 성령의 생수에 젖어 있는 몸이 계속 그 생수를 갈망합니다. 우리 몸이 성령의 새 술에 중독되는 것입니다. 이것은 거룩한 중독입니다.

다스림을 받는 자만이 다스린다

성령의 통제를 받는 이만이 자신을 잘 통제합니다. 남을 지배하려는 교만한 성향을 잘 다스리는 사람만이 다른 이를 잘 다스릴 수 있습니다. 남을 주관하기보다 섬기는 리더가 됩니다. 교회가 세상에 복의 통로가 되는 길은 오만한 자리에서 다른 사람 위에 군림하는 것이 아니라 겸손히 섬기는 종이 되는 것입니다. 교만하게 행하는 데는 큰 힘이 들지 않습니다. 인간의 자연스러운 성향이기 때문이지요. 그러나 겸손하고 온유하기 위해서는 그런 본성을 거스르는 초자연적인 능력이 있어야 합니다. 성령의 권능과 은혜로 교만과 혈기, 거친 육성이 다스려질 때 겸손하고 온유해집니다. 그래서 겸손한 이는 유약한 사람이 아니라 큰 능력이 함께하는 사람입니다. 우리의 모습과 삶에서 부드러움과 온유함이 자연스럽게 흘러나오는 것은 우리가 은혜의 지배 아래 있다는 증거입니다.

또 그리스도께 **다스림**을 받을 때 육신의 연약함, 겁약함과 두려움을 극복하게 됩니다. 오순절 전에 제자들의 육신이 연약했다는 사실이 특별히 교만과 두려움으로 나타났습니다. 자만심으로 가득했던 베드로가 얼마나 두려움 앞에 떨었습니까? 모두가 주님을 버릴지라도 자신만은 버리지 않겠다고 호언장담했던 그가 여종 앞에서 주님을 세 번씩이나 부인합니다(마 26:69-75). 교만한 사람은 강해 보이지만 아주 약합니다. 두려움 앞에 맥없이 꼬꾸라집니다. 육신의 연약함이 교만과 두려움으로 나타난다면, 그와 대조적으로 영적 강건함의 특징은 온유함과 담대함입니다. 성령의 권능을 받은 뒤 베드로는 막강한 권세를 가진 유대 종교지도자들 앞에서 전처럼 비굴하지 않았습니다. 오히려 사람의 낯을 두려워하지 않고 죽음의 위협을 무릅쓰며 복음을 담대히 증거하게 되었지요.

용기는 복음 사역자에게 없어서는 안 될 덕목입니다. 용기와 담대함이 없으면 불의한 세상에 굴복하고 타협합니다. 이 땅의 불의한 세력에 무릎 꿇는 비겁한 사람들이 많아서 오늘날 우리 사회와 교회가 이 모양입니다. 그러나 의로운 용기는 우리 안에서 생래적으로 일어나는 게 아닙니다. 천성적으로 겁약한 사람이라도 겸손히 하나님을 의지하면 성령의 권능으로 담대해질 수 있습니다.

2. 공동체로 사는 하나님 나라

공동체에 임하는 천국

일제 강점기에 최권능이라는 목사가 있었습니다. 그는 가는 곳마다 예수 천당을 외치며 전도했습니다. 하루는 그가 일본 순사에게 붙잡혀 심문을 당했습니다. "당신이 말하는 천당이 도대체 어디 있다는 거요" 하고 순사가 묻자, 최 목사는 "천당의 본점은 하늘에 있으니 보여줄 수 없으나 그 지점은 내 마음에 있소" 하고 답했다고 합니다. 지금도 천국이 우리 마음에 있다는 말을 자주 듣습니다. 하나님의 통치와 나라는 가난하고 애통하는 심령, 순종하는 마음에 임하니 그렇게 말하는 게 잘못된 것은 아닙니다. 그러나 하나님 나라는 우리 개인의 마음속에만 임하는 것이 아니라 우리 가운데 임합니다. 우리의 관계와 **공동체** 안에 구체적으로 실현됩니다.

죄의 근본은 관계가 뒤틀리고 파괴된 것입니다. 하나님과 이웃과 자연과 소외되고 단절된 것이지요. 그래서 하나님 나라 공동체를 상실한 것이 죄의 치명적인 결과입니다.

하나님의 구원 계획과 역사는 이스라엘과 모든 민족 가운데 하나님 나라 공동체를 회복하는 목표를 지향합니다. 구원은 깨진 관계를 치유하여 하나님이 의도하신 연합과 교제의 상태로 되돌리는 것, 다시 말해 샬롬을 회복하는 것입니다. 시편 기자는 이렇게 노래했습니다. "보라, 형제가 연합하여 동거함이 어찌 그리 선하고 아름다운고."(시 133:1). 선하다고 번역된 히브리어 '토브'는 '좋다'는 뜻입니다. 하나님이 인간과 모든 것을 창조하시고 "보시기에 심히 좋았더라"고 하셨을 때 바로 이 단어를 사용하였습니다(창 1:31). 형제가 연합하여 동거함이 하나님이 보시기에 심히 좋은 모습이라는 것입니다. 이것이 하나님이 원하시는 복된 인간의 상태 곧 샬롬입니다. 형제자매들이 함께 모여 하나님을 예배하며 사랑으로 연합하는 공동체에서 가장 복되고 아름다운 인간의 모습이 나타납니다. 그것이 하나님이 원래 의도하신 하나님의 형상으로서 인간의 모습입니다.

성령의 주된 사역은 죄로 깨지고 와해된 관계를 치유하여 그리스도 안에서 연합과 교제가 이루어지는 하나님 나라 공동체를 창조하는 것입니다. 그래서 성령을 특별히 '공동체를 형성하는 영'The community-forming Spirit이라고 합니다. 성령으로 충만한 예루살렘 교회는 사도들의 가르침을 따라 친밀하게 교제하며 서로 한마음으로 연합하여 섬기는 하나님 나라 공동체였습니다. 교회는 성령 안에서 하나님과 이웃과 새로운 관계가 회복되어 하나님 나라가 세상에서 모형적으로 구현되는 공동체입니다.

교회에 하나님의 통치가 실현된 증거가 성령의 열매로 나타납니다. 그것은 그리스도 안에서 변화된 관계 속에서 산출되는 열매입니다. 육신에 속한 자들은 서로를 자신의 만족과 유익을 위해 이용할 '그것'으로 대합니다. 내가 섬기고 사랑해야 할 '그대'와 '당신'은 존재하지 않습니다. 성령은 서로를 그것이 아니라 당신으로 대하는 인격적인 관계, 즉 마르틴 부버가 말한 '나와 당신'I and Thou의 관계를 회복하십니다.

서로를 이용할 도구가 아니라 섬겨야 할 당신으로 대하는 관계에서 사랑과 희락, 화평 곧 성령의 열매가 맺힙니다. 그것은 마지막 아담의 형상을 입은 새 인류의 품성이자 하나님 나라의 첫 열매이기도 합니다. 하나님이 우리를 구원하시고 성령으로 충만하게 하시는 목적도 이 열매를 맺는 공동체가 되게 하시기 위함입니다. 이 열매는 고립된 개인에게는 맺힐 수 없습니다. 관계 속에서, 공동체 안에서 서로 섬김을 통해 배양되고 생산됩니다. 하나님이 성령의 열매를 맺도록 우리 각자에게 다양한 은사를 주셔서 서로 섬기게 하셨습니다.

성령의 은사는 성령의 열매인 사랑을 구체적이고 실질적인 방식으로 실현하는 수단입니다. 즉 사랑의 섬김을 가능하게 하는 능력입니다. 목사가 설교와 가르침의 은사가 없어서 교인들에게 때를 따라 풍성한 생명의 양식을 공급하지 못한다면, 그가 비록 인정이 많은 사람일지라도 교인들을 진정으로 사랑하는 목사라 할 수 없습니다. 그와 같이 사랑을 구체적으로 실현할 수 있는 은사 없이 성령의 열매는 맺힐 수 없습니다.

성령 운동이나 은사 집회에서 방언과 예언, 병 고침 같은 권능을 행하는 은사는 중요시하며 열렬히 추구하는 반면, 꼭 있어야 할 성령의 열매는 간과하는 경우가 많습니다. 그렇게 성령의 열매보다 은사에 과도하게 집중하는 것은 올바르지 못합니다. 그러나 그런 경향에 대응하여 은사의 기능과 가치를 무시하고 열매만을 일방적으로 강조하는 것도 바람직하지 못합니다. 은사와 열매는 모두 교회가 하나님 나라 공동체가 되기 위해 없어서는 안 될 요소입니다. 은사를 통해서만 사랑의 소원과 목표가 구체적으로 실현되기 때문입니다. 따라서 성령의 열매가 풍성한 하나님 나라 공동체가 되기 위해서는 은사도 풍성해야 합니다.

성령의 은사는 열매와 마찬가지로 육체와 성령 사이의

갈등 구조 속에서 이해해야 합니다. 신자에게는 성령을 대적하는 육신의 소욕과의 싸움이 계속됩니다. 성령을 따를 것인지, 아니면 육신의 소욕을 따를 것인지 끊임없는 윤리적인 선택이 요구됩니다. 그리스도의 성품을 닮은 성령의 열매는 육체의 소욕을 거부하고 성령의 인도하심에 순응한 결과로 산출됩니다. 그에 반해 성령의 은사는 그런 윤리적인 결단과 싸움과 무관한 것으로 생각하기 쉽습니다. 그러나 은사도 열매와 같이 성령과 육신 사이의 첨예한 대립의 관점에서만 바르게 이해할 수 있습니다. 교회에서 나타나는 은사로 인한 혼란과 갈등은 성령이 아니라 육체를 따르는 잘못된 윤리적 선택에서 비롯된 것입니다. 과거 고린도 교회에서 그런 문제가 나타났습니다.

주님이 그리스도의 몸을 세우라고 주신 은사가 오히려 교회를 허무는 역기능을 할 수 있다는 사실을 고린도 교회를 통해 보게 됩니다. 바울은 고린도 교회에 은사로 인해 야기된 갈등과 분쟁을 해결하기 위해 사랑장을 기록했습니다. 고린도전서 13장에서 바울은 은사를 활용하는 더 좋은 길을 제시하는데, 그것이 사랑입니다. 그는 사랑을 은사와 비교하여 더 큰 은사라고 말하지 않았습니다. 그가 비교한 것은 사랑과 은사가 아니라, 은사를 추구하고 사용하는 두 가지 방식이었습니다. 고린도 교회와 같이 은사를 자기중심적으로 활용하면 공동체의 분열과 갈등을 조장하지만, 사랑을 따라 은사를 사용하면 공동체의 덕과 유익을 도모한다는 것입니다. 따라서 사랑은 은사를 추구하고 사용하는 더 탁월한 길이며 태도이고 방식입니다.

그런 관점에서 유명한 사랑의 송가를 이해해야 합니다. "사랑은 오래 참고 사랑은 온유하며 시기하지 아니하며 사랑은 자랑하지 아니하며 교만하지 아니하며 무례히 행하지 아니하며 자기의 유익을 구하지 아니하며 성내지 아니하며 악한 것을 생각하지 아니하며 불의를 기뻐하지 아니하며 진리와 함께 기뻐하고 모든 것을 참으며 모든 것을 믿으며 모든 것을 바라며 모든 것을 견디느니라"(고전 13:4-7). 고린도 교회에서 볼 수 있듯이, 은사를 사랑의 원리로 사용하지 않으면 그리스도의 몸을 세우기보다 오히려 허물 수 있다는 점을 기억해야 합니다.

어떤 특정한 은사를 소유한 것이 꼭 참된 영성의 증거라고 볼 수는 없습니다.[1] 오히려 그 은사를 어떻게 활용하는가에서 그 진정성이 드러납니다. 자신의 은사를 사랑의 원리를 따라 겸손하게 활용하는 삶 속에서 성령의 열매가 맺힙니다.

주님은 그리스도의 몸이 건강하게 성장하고 기능하도록 다양한 은사와 직분을 주셨습니다. 은사와 역할의 다양성 속에서 통일성을 이루는 것이 그리스도의 몸의 중요한 특성입니다. 바울의 가르침에 따르면, 성령의 은사는 교회를 그리스도의 몸으로 세우는 데 핵심적인 역할을 합니다. 교회에 다양한 은사의 역동적인 작용이 없이 영적인 성장을 기대할 수 없습니다.

바울은 은사를 소수의 사역자나 직분에 국한시키지 않았습니다. 오히려 몸의 모든 지체에게 은사가 주어졌다고 봤습니다. 교회가 그리스도의 몸으로 성장하기 위해서는 목사와 교역자 몇 사람이 섬기고 대다수 교인은 섬김을 받는 목회 패러다임이 바뀌어야 합니다. 모든 교인이 각자의 은사를 활용하여 그리스도의 몸을 함께 세워 가는 것이 바울이 제시한 건강한 목회의 모습입니다. 그래서 하나님이 교회에 목사와 교사를 주신 것은 "성도를 온전하게 하여 봉사의 일을 하게 하며 그리스도의 몸을 세우려 하심이라"고 했습니다(엡 4:11-12). 교인들이 하나님이 주신 은사를 사장한 채 수동적인 역할만 하면 그리스도의 몸은 마비됩니다.

오늘날 은사 운동은 방언이나 예언 등 초자연적인 현상을 동반하는 은사에 과도하게 치우치는 경향이 있는데, 그보다는 모든 세대의 교회에 보편적으로 존재하는 은사에 더 관심을 기울일 필요가 있습니다. 가르치는 은사, 지혜와 지식, 다스리는 은사, 섬김과 봉사의 은사 등 일반적인 은사가 그리스도의 몸된 교회를 세우는 데 더 요긴한 역할을 합니다.

3. 성령 충만과 하나님 나라의 전진

누가는 사도행전에서 제자들이 성령의 권능을 받고 예루살렘에서부터 땅끝까지 복음의 증인이 되므로 하나님 나라가 전진하는 다이내믹한 과정을 기술하였습니다. 예루살렘에서 시작된 복음의 불길이 온 유다와 사마리아와 땅끝까지 번져 교회가 세워지고 하나님 나라가 전진하는 중요한 단계마다 성령 충만이나 성령의 개입을 언급함으로, 그 모든 과정에서 성령이 제자들을 이끌고 그 상황을 주관하셨음을 강조한 것입니다. 이와 같이 누가는 사도행전에서 **성령 충만**을 우선적으로 **하나님 나라의 선교**라는 맥락에서 이해했습니다.[2]

바울 역시 성령 충만을 만물을 충만하게 하는 선교론적 교회론이라는 큰 틀 속에서 이해했습니다. 에베소서에서 그는 만물을 그리스도 안에서 통일되게 하는 것을 교회의 본질적인 사명으로 보았습니다(엡 1:10). 그는 '그리스도의 몸'과 '성전'이라는 교회의 이미지를 '충만'이란 단어와 결부시켜 만물을 충만하게 하는 교회의 사명을 특별하게 묘사했습니다. "교회는 그의 몸이니 만물 안에서 만물을 충만하게 하시는 이의 충만함이라"(엡 1:23).

에베소서에서 바울이 특별히 충만이란 용어를 자주 사용

한 것은 만물을 회복하고 새롭게 하는 삼위 하나님의 사역과 교회의 사명을 부각하기 위함이라고 봅니다. 누가가 쓴 누가복음과 사도행전 외에 신약성경에서 유일하게 성령 충만이란 용어가 등장하는 곳이 에베소서입니다. 바울이 "오직 성령으로 충만함을 받으라"(엡 5:18)고 한 문구를 정확히 번역하면, 성령으로 인해 또는 성령 안에서 충만해지라는 뜻입니다. 성령으로 충만해지는 내용은 일차적으로 그리스도의 임재와 그 능력일 것입니다. 승천하여 만물을 다스리는 권세를 위임받으신 그리스도께서 성령을 통하여 교회에 충만히 거하며 만물을 통합하는 새 창조를 이루어 가십니다. 따라서 교회 안에 거하는 성령 충만은 그리스도께서 만물을 회복하시고 통합하시는 원동력입니다.

만물을 충만하게 하는 새로운 성전

에베소서에서 바울이 즐겨 사용한 충만이라는 표현은 성전과 깊은 연관성이 있습니다. 구약의 성막과 성전에 하나님의 영광과 임재를 상징하는 구름이 가득했다는 말씀이 자주 등장합니다. 그 성전의 이미지가 바울이 에베소서에서 제시한 교회의 청사진의 밑그림을 형성한다고 볼 수 있습니다. 바울은 교회를 하나님의 처소이자 성전이라고 했습니다(엡 2:21-22). 그리고 하나님의 영광으로 가득했던 구약 성전의 이미지를 살려서 **새로운 성전**인 교회에 삼위 하나님의 임재가 충만하기를 바랐습니다(엡 1:23, 3:19, 5:18). 과거 성막과 성전에 하나님의 영광이 충만했던 것처럼, 새로운 성전인 교회가 영광의 영인 성령으로 충만해야 한다고 했습니다(엡 5:18). 이는 구약 성전 모티브의 구체적인 실현이라고 볼 수 있습니다. 구약 성전이 우주의 축소판으로 건축된 것은 하나님이 만물을 통치하신다는 것을 표상합니다.[3] 구약은 하나님의 임재와 통치를 온 세상에 충만하게 할 새로운 성전이 말세에 도래할 것을 대망하였습니다. 교회는 구약 소망의 실현으로 온 땅에 하나님의 임재와 영광과 하나님을 아는 지식을 충만하게 할 성전으로 탄생한 것이지요.

성령 충만은 새로운 성전인 교회에 주어진 특권인 동시에 의무입니다. 성령이 그의 거처인 교회를 항상 주관하시며 충만하게 하시니 교회는 그 성령의 역사를 거스르지 말고 순종해야 할 책임이 있습니다. 교회는 그들 안에 거하시며 충만한 은혜와 능력으로 역사하는 성령을 거역하지 말아야 합니다. 교회가 성령을 근심하게 하면, 교회를 통해 만물을 새롭게 하시려는 주님의 뜻이 이루어질 수 없습니다. 교회가 새 시대의 능력으로 세상을 변혁시키기보다 옛 시대의 권세인 죄와 사망의 포로가 됩니다. 과거 이스라엘 백성이 "주의 성령을 근심하게" 하므로(사 63:10) 그들을 통하여 온 세상에 복을 베푸시려는 하나님의 뜻을 거스르고 이방의 빛이 아니라 포로가 되었습니다. 바울은 그 비극적인 역사를 상기시키며 교회에게 그렇게 "성령을 근심하게 하지 말라"고 당부했습니다(엡 4:30).

오늘날 교회는 성령으로 충만한 성전이 아니라, 하나님의 영광이 서서히 떠나고 영적인 어두움과 피폐함이 임하는 것 같습니다. 어떤 이는 하나님이 오늘 교회에서 성령을 완전히 거두어 가셔도 교회가 하는 일의 95퍼센트는 그대로 계속되며, 우리는 아무런 변화나 차이도 느끼지 못할 것이라고 했습니다. 성령의 임재와 은혜 없이 교회 생활을 하는 데 우리가 그만큼 익숙해졌다는 것이지요. 지금은 성령 충만을 시급히 회복해야 할 비상한 시기입니다. 우리를 향해 얼굴을 가리시는 하나님을 찾을 때입니다.

선교 공동체

오순절 성령의 오심에 동반된 표적인 방언은 특별히 교회의 **선교적인** 사명을 잘 드러냅니다. 오순절의 복은 바벨의 저주가 극적으로 반전된 것입니다. 바벨탑이 인간이 교만하게 하늘까지 오르려 한 반역의 사건이었다면, 오순절은 하늘이 겸손하게 이 땅에 내려온 은혜의 사건이었습니다.

유발 하라리가 쓴 『호모 데우스』라는[4] 책의 제목이 암시

하듯, 인간은 첨단과학기술 문명으로 거의 신의 경지에까지 도달한 것 같습니다. 그러나 기술 문명의 발전과 함께 자연 환경의 오염과 파괴, 지구 온난화와 핵전쟁의 위협으로 인류는 자멸의 위기에 처했습니다. 이 땅 곳곳에 전쟁과 지진과 환난이 일어나고 있습니다. 이것이 하늘에까지 닿는 바벨탑을 쌓으려는 인간의 교만이 불러오는 재앙입니다. 이 세상에 가장 필요한 것은 이 땅에 겸손히 내려오는 하늘입니다. 하나님의 아들이 겸손히 이 땅에 내려오셨습니다. 비둘기같이 온유한 성령이 우리에게 내려오셨습니다. 죄와 사망의 세력으로 망가진 세상과 인간을 치유하여 생명과 은혜와 평강으로 충만하게 하시기 위해서 강림하셨습니다.

우리에게 가장 좋은 것들이 하늘에서 임합니다. 하늘에 속한 모든 신령한 복, 은혜와 평강, 구원과 영생과 하나님 나라가 모두 선물로 임합니다. 이 하늘의 선물이 먼저 하나님의 백성 곧 교회에 주어집니다. 교회가 세상에 줄 수 있는 가장 귀한 것은 만물을 새롭게 하며 다스리시는 그리스도께서 통치하시는 하나님 나라 공동체입니다. 교회는 세상에 '선물 공동체'로 존재합니다. 하늘의 선물을 풍성히 누리고 이 선물을 세상에 알리고 전달하는 공동체입니다. 오늘날 첨단과학기술이 만들 수 없고 줄 수 없는 것, 이 세상의 경제와 정치가 줄 수 없는 것을 교회만이 줄 수 있습니다. 죄 사함과 구원의 은혜, 영원한 생명과 천국, 평강과 성령의 선물을 교회만이 줄 수 있습니다. 성령으로 충만할 때, 우리는 이 하늘의 선물을 풍성히 누리며 세상에 전달하는 교회가 됩니다.

1 자기 몸을 하나님이 기뻐하시는 산 제물로 드린다는 것은 무엇을 의미합니까? 그 구체적인 예를 들어 봅시다.

2 우리 혀에 먼저 하나님 나라가 임해야 한다는 말에서 받는 도전은 무엇입니까? 성령께 통제되지 않는 혀가 어떻게 어두움의 왕국을 번성하게 하는 도구가 될 수 있습니까?

3 마음으로는 하나님을 섬긴다고 하면서 몸으로는 세상을 좇고 있지는 않습니까? 우리 몸의 소유권과 주권을 하나님께 양도하는 것을 꺼리는 이유는 무엇입니까?

4 우리 몸은 하나님의 영광을 반영하는 성전 기능을 합니다. 우리 몸의 언어와 행실, 성품과 얼굴에서 성령의 열매가 표출되고 있습니까?

5 주님께 다스림을 받을 때 무엇을 다스릴 수 있는 능력이 주어집니까? 여러분의 삶에서 가장 통제해야 할 부분이 무엇인지 나누어 봅시다.

6 교회가 그리스도의 몸으로 성장하기 위해서 목사와 교역자 몇 사람이 섬기고 대다수 교인은 섬김을 받는 목회 패러다임이 어떻게 바뀌어야 할지 나누어 봅시다.

7 초자연적인 현상을 동반하는 은사보다 가르치는 은사, 지혜와 지식, 다스리는 은사, 섬김과 봉사의 은사 등 일반적인 은사가 그리스도의 몸된 교회를 세우는 데 더 요긴한 역할을 합니다. 나에게 주어진 성령의 은사는 무엇입니까?

8 교회는 '선물 공동체'입니다. 어떤 선물을 누리며 세상에 전달해야 할지 나누어 봅시다.

8장

구원하는
성령의 능력

1. 성령의 부르심

인식론적 무능

성령은 그리스도 안에 임한 새 시대에 들어와 새 창조에 참여하도록 사람들을 복음으로 부르십니다. 새 시대로 진입하는 관문인 믿음은 그리스도의 말씀을 들음에서 나옵니다(롬 10:14). 그런데 전하는 자가 없이 어찌 듣겠으며, 보내심을 받지 아니하였으면 어찌 전파하겠습니까?(롬 10:14-15) 오순절에 임한 성령은 메신저를 땅끝까지 보내서 복음을 전하게 하십니다. 모든 민족 가운데 사람들을 복음으로 불러 그리스도 안에 임한 하나님 나라에 들어가게 하십니다. 유대인이나 이방인이나 누구든지 복음을 듣고 예수를 믿으면 새 시대에 속한 새로운 피조물이 됩니다. 그러나 부르심을 받은 이들이 모두 믿음으로 응답하지는 않습니다. 믿음은 모든 이의 것이 아닙니다. 하나님의 부르심은 오직 **성령의 조명과 능력**으로만 믿음의 반응을 일으키는 효력이 있습니다.

오순절에 베드로가 전한 복음을 듣고 강퍅한 유대인들이 회개와 믿음으로 반응한 것이 성령의 권능이 역사한 결과입니다. 바울도 그의 복음 사역의 효력이 성령의 능력에서 비롯된 것이라고 했습니다. "이는 우리 복음이 너희에게 말로만 이른 것이 아니라 또한 능력과 성령과 큰 확신으로 된 것임이라"(살전 1:5). "내 말과 내 전도함이 설득력 있는 지혜의 말로 하지 아니하고 다만 성령의 나타나심과 능력으로 하여 너희 믿음이 사람의 지혜에 있지 아니하고 다만 하나님의 능력에 있게 하려 하였노라"(고전 2:4-5). 바울의 전도 사역에는 성령의 큰 확신뿐 아니라 표적과 기사도 자주 나타났습니다.

왜 복음 전도가 성령의 권능 없이는 효력이 없을까요? 바울은 복음의 진리를 스스로 깨달을 수 없는 **인식론적 무능** 때문에 인간이 오직 성령으로만 하나님의 지혜를 알 수 있다고 했습니다. "오직 하나님이 성령으로 이것을 우리에게 보이셨으니 성령은 모든 것 곧 하나님의 깊은 것까지도 통달하시느니라. 사람의 일을 사람의 속에 있는 영 외에 누가 알리요. 이와 같이 하나님의 일도 하나님의 영 외에는 아무도 알지 못하느니라. 우리가 세상의 영을 받지 아니하고 오직 하나님으로부터 온 영을 받았으니 이는 우리로 하여금 하나님께서 우리에게 은혜로 주신 것들을 알게 하려 하심이라"(고전 2:10-12).

인간은 죄로 말미암아 그 마음이 어두워졌습니다(롬 1:21, 엡 4:18). 진리의 빛이 비칠 때, 그 빛을 필사적으로 회피하고 억누르려는 악한 마음의 작용이 그 안에서 일어납니다. 따라서 인간이 하나님을 알지 못하고 진리를 깨닫지 못하는 인식론적인 문제는 영적인 문제와 긴밀하게 결부되어 있습니다. 복음의 진리를 믿지 않는 것은 단순히 머리의 문제만이 아니라 근본적으로 마음의 문제입니다. 하나님과 원수 된 마음이 극도로 혐오하는 대상에 대한 지식과 증거를 결사적으로 거부하며 박멸해 버리려고 하는 것입니다. 따라서 인간이 스스로 하나님을 알지 못하는 인식론적 문제가 해결되기 위해서는 불순종의 완고한 마음이 근본적으로 변화되어야 합니다.

인간의 인식론적 문제를 더욱 악화시키는 것은 인간의 어두운 마음을 미혹하게 하여 진리의 빛이 비치는 것을 방해하는 세상 신의 역사입니다. "이 세상의 신이 믿지 아니하는 자들의 마음을 혼미하게 하여 그리스도 영광의 복음의 광채가 비치지 못하게" 합니다(고후 4:4). 오직 성령의 강권하심으로 사탄의 방해가 제어되고 어두워진 마음의 눈이 밝아져야 복음의 진리를 바르게 깨닫고 온전한 믿음에 이르게 됩니다.

성령의 일차적인 사역이 진리의 빛을 비추는 것이라면, 악령의 주된 사역은 진리의 빛이 비치는 것을 방해하는 것입니다. 복음이 전파될 때 성령과 함께 악령도 활발하게 움직입니다. 그래서 보이지는 않지만 치열한 영적 싸움이 벌어집니다. 주님은 '씨 뿌리는 비유'에서 길가에 떨어진 씨를 새들이 와서 먹어 버리듯이 악한 자가 와서 마음에 뿌려진 말씀의 씨를 빼앗아 간다고 하셨습니다(마 13:19). 말씀의 씨가 마음 밭에 심기면 그 마음에 새 창조가 일어나며 새 생명의 열매가 삼십 배, 육십 배, 백배 맺힐 것을 악한 자가 잘 알기에 그것을 어떻게든 방해하려고 하는 것입니다. 오랫동안 복음의 말씀을 들으면서도 아무런 변화를 체험하지 못하는 이는 악한 자에게서 말씀을 착취당한 것이며 영적으로 유린

당한 것입니다.

그러므로 복음 사역 가운데 이런 사탄의 방해를 물리치는 강력한 무기가 필요한데, 그것은 **성령 안에서 기도하는 것**입니다(엡 6:18). 복음 사역은 기도 없이는 감당할 수 없습니다. 어두움의 세력을 제압하고 그 속박에서 사람들을 해방하는 성령의 권능은 기도를 통해서 역사합니다. 그래서 바울도 악한 세력을 대적하기 위해 항상 성령 안에서 기도하라고 권면하였습니다. 그리고 바로 이어서 성도들에게 자신의 복음 사역을 위해 기도해 달라고 간곡히 부탁했습니다(엡 6:18-19). 오늘날 복음 사역자들을 보면, 얼마든지 자신의 실력과 목회 경륜으로 말씀 사역을 잘 꾸릴 수 있다고 생각해서인지 교인들에게 겸손하게 기도를 부탁하지 않는 경우가 있습니다. 그러면 성령의 권능이 함께하는 복음 사역을 하기가 어렵습니다.

복음의 진리를 깨닫기 위해서는 우리 안팎의 어두움의 세력을 물리치는 빛을 비추는 성령의 역사가 필요합니다. 이 성령의 조명은 어두움과 혼돈 속에 시작되는 새 창조입니다. 그래서 바울 사도는 "어두운 데에 빛이 비치라 말씀하셨던 그 하나님께서 예수 그리스도의 얼굴에 있는 하나님의 영광을 아는 빛을 우리 마음에 비추셨느니라"고 했습니다(고후 4:6). "어두운 데에 빛이 비치라 말씀하셨던 그 하나님께서"는 창조 기사를 의미합니다. 하나님이 세상을 창조하실 때 "빛이 있으라"고 말씀하셨습니다(창 1:3). 첫 창조를 빛을 비추심으로 시작하셨듯이 두 번째 창조, 새로운 창조도 빛을 비추심으로 시작하십니다. 이제 예수 그리스도의 얼굴에 있는 하나님의 영광을 아는 빛을 우리 마음에 비추심은 첫 창조와 대비되는 새로운 창조 사역입니다. 주님이 얼굴빛을 비추시는 것이 은총이며 구원입니다. 거기서부터 모든 은혜가 따라오며 모든 성령의 사역이 시작됩니다.

2. 중생

물과 성령으로 거듭남

성령이 예수 그리스도의 얼굴빛을 비추므로 이루시는 새 창조는 사망에서 생명으로 옮김 곧 영적인 부활입니다. 바울은 그것을 가리켜 **중생**이라고 했습니다. "우리를 구원하시되 우리가 행한 바 의로운 행위로 말미암지 아니하고 오직 그의 긍휼하심을 따라 중생의 씻음과 성령의 새롭게 하심으로 하셨나니"(딛 3:5). 바울은 주님이 세상의 새로움을 말씀하실 때와 같은 단어(팔링게네시아)를 사용했습니다(마 19:28). 바울이 중생이라는 용어를 한 번밖에 쓰지 않았지만 거듭남을 뜻하는 다른 표현을 자주 사용했습니다. 그 대표적인 것이 하나님이 우리를 그리스도와 함께 살리셨다는 말입니다. "그는 허물과 죄로 죽었던 너희를 살리셨도다"(엡 2:1, 5, 골 2:12, 13; 3:1).

요한 사도는 자주 '하나님께로부터 났다'는 말로 중생을 표현했습니다(요일 3:9, 5:4, 18). "무릇 하나님께로부터 난 자마다 세상을 이기느니라. 세상을 이기는 승리는 이것이니 우리의 믿음이니라"(요일 5:4). 요한복음에는 중생에 관한 유명한 일화 곧 '니고데모와의 대화'가 기록되어 있습니다. 주님이 니고데모에게 사람이 거듭나지 않으면 하나님 나라를 볼 수 없다고 하셨습니다(요 3:3). 니고데모가 그 말을 이해하지 못하자, 주님이 또 한 번 말씀하셨습니다. "사람이 물과 성령으로 나지 아니하면 하나님의 나라에 들어갈 수 없느니라"(요 3:5). 주님이 특별히 물과 성령이라는 두 단어를 덧붙이신 것은 구약에 능통한 니고데모가 잘 아는 본문을 떠올리게 하시기 위함이었을 것입니다. 그것은 에스겔서에 기록된 새 창조에 관한 말씀입니다. "맑은 물을 너희에게 뿌려서 너희로 정결하게 하되 곧 너희 모든 더러운 것에서와 모든 우상 숭배에서 너희를 정결하게 할 것이며 또 새 영을 너희 속에 두고 새 마음을 너희에게 주되 너희 육신에서 굳은 마음을 제거하고 부드러운 마음을 줄 것이며 또 내 영을 너희 속에 두어 너희로 내 율례를 행하게 하리니 너희가 내

성령이 임하시면 권능을 받고

규례를 지켜 행할지라"(겔 36:25-27).

주님이 말씀하신 물은 이 본문에서 말한 대로 죄를 씻어 정결하게 하는 성령의 사역을 뜻한다고 봅니다. 거기에 이어지는 성령의 새 창조는 마음의 혁신입니다. 마음의 굳은 살을 베어내고 어린아이 살처럼 보들보들한 마음이 되게 하신다는 것입니다. 굳은 마음 곧 불순종의 강퍅한 마음을 부드러운 마음, 하나님을 즐겨 순종하는 마음으로 변하게 하신다는 것이지요. 그리고 내 영을 너희 속에 두겠다고 하셨습니다. 이 말씀에 근거하여 바울은 성령이 우리 믿는 자 안에 거하신다고 했지요. 그런 표현으로 새 창조에 관한 예언이 성취되었다는 사실을 상기시킨 것입니다. 심령이 변화되는 새 창조와 성령의 내주하심은 하나로 맞물려 있습니다. 하나님의 임재와 통치를 계속 배척하는 불순종의 심령 가운데 성령이 거할 수는 없는 일입니다. 성령은 우리 심령을 새롭게 하는 동시에 그 심령 가운데 거하십니다. 마치 사람이 거주할 수 없는 더럽고 열악한 헛간을 좋은 집으로 새롭게 개조하고 거기 들어가 사는 것과 유사합니다.

중생의 증거

그러면 자신이 성령으로 거듭났다는 것을 어떻게 알 수 있을까요? 자신이 거듭난 체험을 증언할 수 있어야 하며 그

것이 언제인지 일시까지 말할 수 있어야 확실히 중생한 것이라고 가르치는 이들이 있습니다. 그러나 주님은 거듭나게 하는 성령의 은밀한 사역을 바람에 비유하셨습니다. "바람이 임의로 불매 네가 그 소리를 들어도 어디서 와서 어디로 가는지 알지 못하나니 성령으로 난 사람도 다 그러하니라"(요 3:8). 사람을 거듭나게 하는 성령의 신비한 바람도 그 자체로는 파악하기 힘들고 오직 그 효력으로만 알 수 있습니다.

성령의 바람이 분 결과는 마른 뼈가 가득한 에스겔 골짜기에 생기가 불어 죽은 자들이 소생하는 것과 같습니다. 바울은 전에 우리가 죄와 허물로 죽었다고 했습니다(엡 2:1). 영적으로 죽은 자는 하나님 나라를 볼 수 없습니다. 그래서 주님이 거듭나지 않으면 하나님 나라를 보지 못한다고 한 것입니다(요 3:3). 복음서에 부자 청년의 이야기가 등장합니다(마 19:16-30, 막 10:17-31, 눅 18:18-30). 그는 영생을 얻기 원했으나 자기 소유가 많으므로, 그것을 팔아 가난한 사람에게 주고 자신을 따르라는 주님의 요구에 응하지 못한 채 근심하며 돌아갔습니다. 그와 대조적으로, 밭에 감추인 보화를 발견한 사람은 기뻐하며 돌아가서 자신의 소유를 다 팔아 그 밭을 샀습니다(마 13:44). 이 두 사람의 차이는 무엇인가요? 그것은 바로 보는 데 있습니다. 한 사람은 자신의 소유보다 훨씬 더 값진 보물이 밭에 숨겨져 있음을 보았기에 자기 소유를 팔 수 있었습니다. 그에 반해 부자 청년은 자신의 모든 소유에 비할 수 없이 가치 있는 보화를 보지 못했기에 자기 재물을 포기할 수 없었던 것입니다. 바로 자기 앞에 계신 예수님에게서 하나님 나라의 가치를 보지 못한 것입니다. 예수님보다 더 귀한 것이 없다는 사실을 보지 못했지요. 그 청년처럼 하나님 나라를 보지 못하면 그 나라에 들어가지 못합니다. 그래서 주님이 사람이 거듭나지 않으면 하나님 나라를 보지 못한다고 하시고, 이어서 들어가지도 못한다는 말씀을 덧붙이셨습니다(요 3:3, 5).

우리의 모든 소유를 팔거나 버리라는 주님의 요구는 우리의 소유권을 하나님께 양도하는 것을 뜻합니다. 하나님의 통치를 거부하고 자신이 주인노릇하는 한 하나님 나라에 들어갈 수 없습니다. 주님의 가르침에 의하면, 소유뿐 아니라 무엇이든지 하나님 나라보다 더 소중히 여기는 이는 그 나라에 들어갈 수 없습니다. 성령으로 거듭나 가장 탁월한 주님의 영광을 보는 눈이 열리면 모든 가치관이 완전히 재편됩니다. 우리가 가장 사랑하고 최고의 가치로 추구하는 대상이 바뀌게 됩니다. 그런 가치관의 전환이 하나님 나라에 들어가는 회개이며 믿음입니다.

마음의 눈이 열려 하나님 나라의 보화를 봄으로써 새로

운 마음의 끌림과 애착, 추구와 갈망이 생깁니다. 그 나라와 의를 먼저 추구하며 욕망하게 됩니다. 그 새로운 열망의 강렬함이 자주 갈증과 허기로 표현됩니다. 주님은 의에 주리고 목마른 이가 복되다고 하셨습니다(마 5:6). 생명이 있는 사람이 배고픔과 목마름을 느끼듯이, 새 생명이 탄생한 이는 의에 주리고 목마릅니다. 우리 육신이 매일 물을 마시고 밥을 먹어야 살듯이, 성령으로 거듭난 사람도 매일 생명의 떡인 예수를 먹고 생수의 강인 성령을 마셔야 삽니다. 거듭난 이에게 예수님과 성령은 밥과 물 같은 생필품보다 더 요긴한 분입니다.

하나님의 맛

사도 베드로는 이 강렬한 욕구를 젖을 찾는 갓난아이에 비유했습니다. "갓난아기들같이 순전하고 신령한 젖을 사모하라. 이는 그로 말미암아 너희로 구원에 이르도록 자라게 하려 함이라"(벧전 2:2). 여기서 젖은 단순히 하나님의 말씀을 뜻한다고 볼 수도 있지만, 그보다는 말씀을 통해 우리에게 주어지는 하나님의 생명과 은혜와 사랑, 인자하심을 포괄한다고 보는 게 더 무난합니다.

인간은 한번 태어나 엄마의 젖을 먹고 자랍니다. 성령으로 두 번째 태어나 하나님의 젖을 빠는 사람은 참으로 복된 사람입니다. 하나님께로 난 사람은 하나님의 젖을 사모합니다. 갓난아이는 힘이 없습니다. 그러나 엄마 젖을 빠는 힘은 강력합니다. 그래서 젖 먹던 힘까지 내라는 말도 있습니다. 사생아는 젖을 먹을 수 없습니다. 병든 아이도 젖을 잘 빨 수 없습니다. '사모하다'라는 말은 '강렬하게 욕망하다'라는 뜻입니다. 갓난아이가 젖을 맛보고 나면 그 젖을 열렬하게 욕망하고, 젖을 제때 먹지 못하면 자지러지게 웁니다. 갓난아이의 몸이 그 젖을 갈구하고, 그 젖이 그 아이의 살과 피가 됩니다. 성령으로 거듭난 갓난아이도 하나님의 젖을 열렬하게 사모합니다. 그 젖이 그의 생명을 자라게 합니다.

맛을 알면 그 맛에 길들여집니다. 맛에는 강한 중독성이 있습니다. 커피나 담배, 콜라에 인이 박인다고 하지요. 성령 또한 맛에 끌리게 함으로 우리 안에 새로운 아비투스*Habitus*를[1] 구축합니다. 맛이 우리 안에 무의식적이고 자동반사적인 행동을 일으킵니다. 맛있게 먹은 음식은 생각만 해도 군침이 돕니다. 그 음식을 다시 먹고 싶은 욕구가 일어납니다. 그러면 행동으로 이어집니다. 자꾸 그 음식을 먹으러 갑니다. 우리는 지금까지 몇십 년간 하루 세끼를 거르지 않고 먹었습니다. 매일 반복되는 먹는 행위가 고역스럽지 않고 즐거운 것은 미각과 식욕 때문입니다. 음식의 맛을 전혀 느끼지 못한다면 하루 세끼 밥을 먹는 게 얼마나 고통스럽고 지겨운 일일까요.

　신앙생활에서도 미각이 중요합니다. 하나님의 맛을 느끼는 미각이 없으면 하나님을 알 수도 없고 섬길 수도 없습니다. 시편 기자는 "너희는 여호와의 선하심을 맛보아 알지어다"라고 했습니다(시 34:8). 하나님은 지식으로만 아는 것이 아니라 맛보아 알 수 있습니다. 음식의 맛을 느끼는 미각이 하나님이 주신 선물이듯이, 하나님의 맛을 아는 미각도 하나님의 진귀한 선물이며 새 창조의 산물입니다. 성령으로 거듭나 새로운 피조물이 된 사람은 하나님의 맛, 그 선하심과 말씀의 맛을 아는 사람입니다. 돈과 권력의 맛을 아는 사람들이 돈과 권력을 좇듯이, 하나님의 맛을 아는 사람이 하나님의 임재와 통치를 그 무엇보다 더 갈망합니다.

　앞에서 천국은 그 맛에 익숙해진 사람들만을 위한 곳이라고 했습니다. 천국은 이 땅에서 하나님의 임재와 통치 안에 사는 데 익숙해진 사람만이 가는 나라입니다. 모두 천국에 가기 원한다고 생각하지만, 진정으로 천국 가기를 원하는 사람은 많지 않을 것입니다. 성령으로 거듭나 우리 가운데 임한 하나님 나라를 보는 마음의 눈이 열리고 그 맛을 아는 마음의 감각이 살아난 이만이 그 나라에 들어갈 수 있습니다. 그래서 주님은 "진실로 진실로 네게 이르노니"라는 특별한 강세 어법을 두 번이나 사용하시며 성령으로 거듭나지 않으면 하나님 나라에 들어갈 수 없다고 못 박아 말씀하셨습니다(요 3:5).

3. 믿음

구원에 이르는 믿음

주님의 말씀에 비추어 우리가 정말 성령으로 거듭나 하나님 나라를 보며 들어가는 **믿음**을 가졌는지를 점검해 보아야 합니다. 오늘날 믿노라고 하지만 하나님 나라와 전혀 상관없이 사는 이들이 많습니다. 죄의 지배 아래 있는 옛 사람 그대로 살면서 믿기만 하면 구원받는다고 스스로 착각합니다. 이들에게 믿음은 죽어서 천국 가는 티켓 정도이지 지금 여기서 하나님의 통치 아래 들어가 사는 방편이나 원리는 아닙니다. 오히려 믿음이 이 땅에서는 하나님의 다스림을 거부하는 불순종의 삶을 살아도 죽은 뒤 천국을 보장해 주는 죄의 라이선스로 남용됩니다. 이렇게 믿음이 왜곡된 상황에서 믿음을 성령의 새 창조와 하나님 나라의 관점에서 새롭게 조명하는 것이 시급합니다. **구원**이 무엇인가요? 구원은 죄의 속박에서 해방되어 하나님이 통치하는 나라로 들어가는 것입니다. 그런데 오늘날 믿노라고 고백하는 많은 사람들을 보면 그런 의미의 구원과는 거리가 먼 것 같습니다.

믿음은 단순히 인간에게서 나온 것이 아닙니다. 그 근원은 성령의 새 창조 사역입니다. 믿음은 중생의 즉각적인 결과이며 증거입니다. 죄와 허물로 죽어 있는 사람은 보아도 보지 못하고, 들어도 듣지 못하고 깨닫지도 못합니다(마 13:13). 죽은 나사로가 살아나 주님이 그를 부르시는 음성을 듣듯이, 성령으로 거듭난 사람은 복음으로 자신을 부르시는 주님의 음성을 듣습니다. 마음의 눈이 열려 주님의 얼굴빛을 봅니다. 예수 그리스도의 십자가와 부활의 복음을 통해 나타난 하나님의 사랑과 은혜, 주님의 아름다움과 사랑스러움을 감지하는 마음의 감각이 소생합니다. 성령의 새 창조, 중생에서 나온 믿음은 복음에 대한 단순한 지적 승인 정도가 아닙니다. 복음의 내용을 밋밋한 개념으로만 알고 복음에서 드러나는 주님의 탁월한 영광과 아름다움에 끌리는 마음의 눈과 감각이 전혀 없다면 진정한 믿음이라 할 수 없습니다. 그것은 하나님 나라를 보는 마음의 눈이 성령의 조명으로 밝아지지 않은 것입니다. 하나님의 인자하심을 맛보아 아는 마음의 감각이 없으며, 그 나라와 의에 주리고 목마른 영적 식욕이 없는 상태입니다. 그러니 하나님 나라를 최고의 가치로 추구하고 욕망하여 들어갈 수 없습니다.

성령의 새 창조에서 산출되며 우리를 하나님 나라에 들어가게 하는 믿음은 **순종하는 믿음**입니다. 믿음으로 구원받는다는 말이 믿기만 하면 순종하지 않아도 구원받는다는 식으로 오해되는 경우가 많습니다. 그러나 순종 없는 믿음으로 구원받는 것은 사실 불가능한 일입니다. 그런 믿음은 불순종의 마음을 근본적으로 변혁시키는 성령의 새 창조에서 나온 것이라 볼 수 없습니다. 구원은 새 창조이며 죄의 지배에서 해방되어 하나님의 통치 아래 들어가는 것인데, 순종 없는 믿음으로 받는 구원이란 그 알맹이가 다 빠진 것이라 할 수 있습니다. 그런 믿음은 사람들을 구원에 이르게 하기보다 오히려 자기기만에 빠져 멸망에 이르게 할 수 있습니다. 오늘날 하나님의 통치에 불복하고 죄의 지배 아래 살면서도 믿었으니 구원받을 것이라고 착각하는 많은 사람들이 이런 위험에 처해 있습니다.

하나님의 통치와 나라를 영접하는 믿음은 순종하는 믿음입니다. 그러나 옛 시대에 역사하는 악한 영의 지배를 받는 이들의 특징은 불순종입니다. "그때에 너희는 그 가운데서 행하여 이 세상 풍조를 따르고 공중의 권세 잡은 자를 따랐으니 곧 지금 불순종의 아들들 가운데서 역사하는 영이라"(엡 2:2). 죄와 어두움의 영이 주관하는 옛 시대에서 나와 생명의 성령이 다스리는 새 시대로 들어온 증거는 순종입니다.

사도행전에서 제자들이 새 시대의 성령을 받은 증거도 순종이었습니다. 베드로와 사도들이 새 시대가 임했다는 복음을 전하자 옛 시대의 거센 반발이 일었습니다. 옛 세상의 권세 잡은 자들, 예루살렘 공회의 종교지도자들이 베드로와 사도들을 잡아들여 심문하였습니다. 사도들이 새 시대의 복음을 전하지 못하게 했습니다. 그러나 제자들은 이 세상 권세 앞에 조금도 굴하지 않고, 오히려 새 시대의 더 큰 권세에 복종해야 한다고 담대하게 말했습니다. "베드로와 사도들이 대답하여 이르되 사람보다 하나님께 순종하는 것이 마땅하니라"(행 5:29)

그리고 이어서 "하나님이 자기에게 순종하는 사람들에게 주신 성령"이라고 했습니다(행 5:32). 사도행전에서 성령의 사람들은 모두 성령의 인도하심과 주관하심을 즐겨 따르며 순종한 사람들이었습니다. 성령으로 충만하다는 말 자체가 '성령의 다스리심을 받는다' 곧 순종한다는 뜻을 담고 있습니다. 여기서 순종하는 사람들에게 성령을 주셨다는 말씀과 믿음으로 성령을 받는다는 바울의 주장이 충돌되는 것 같습니다(갈 3:2, 5). 바울뿐 아니라 베드로도 성령을 선물이라고 했습니다(행 2:38). 성령은 믿음으로 받는 선물입니다. 그러나 믿음으로 성령을 받은 이는 동시적으로 마음을 새

성령이 임하시면 권능을 받고

롭게 하는 새 창조가 그 안에서 일어나기에 자연히 순종하는 이가 됩니다. 따라서 성령의 새 창조에서 나온 믿음은 순종하는 믿음입니다. 성령 안에서 믿음과 순종은 하나로 연결되어 있습니다. 순종은 성령 받은 믿음의 증거이며 열매입니다.

4. 새 창조에 기초한 칭의와 성화

주님은 하나님 나라가 가까이 왔으니 회개하고 복음을 믿으라고 하셨습니다(막 1:15). 믿음과 회개가 하나님 나라에 들어가는 필수 조건입니다. 그런데 믿음과 회개를 요구하신 주님이 그것을 가능하게 하는 은혜도 제공하십니다. 주님이 십자가와 부활로 성취하신 새 창조의 은혜에서 믿음과 회개가 산출됩니다. 그러므로 믿음도 근본적으로 성령의 새 창조 사역의 효력이며 산물인 셈입니다. 그래서 바울은 믿음을 하나님의 선물이라고 했습니다(엡 2:8). 새 창조인 구원이 선물이며 그 구원을 받는 방편인 믿음도 새 창조의 산물이라는 점에서 그 선물 세트에 포함된 것입니다.

바울에 따르면, 믿음은 성령의 원인인 동시에 효력입니다.[2] 성령은 선포된 말씀을 통해 듣는 자를 믿음에 이르게 하시고 그 믿음을 통해 성령을 받게 하십니다. 서로 모순되는 듯하여 논리적으로 이해하는 데 어려움이 있습니다. 그러나 논리적으로 구별되지만, 경험적으로는 동시적이라고 볼 수 있습니다. 성령은 말씀을 통해 듣는 자 안에 믿음을 창조하시는 동시에, 그 믿음의 채널을 통해 그 안에 거하십니다. "그의 영광의 풍성함을 따라 그의 성령으로 말미암아 너희 속사람을 능력으로 강건하게 하시오며 믿음으로 말미암아 그리스도께서 너희 마음에 계시게 하시옵고 너희가 사랑 가운데서 뿌리가 박히고 터가 굳어져서"(엡 3:16-17).

바울에 따르면, 성령의 우선적인 사역은 선포된 말씀을 통해 죄인들을 부르시는 것입니다(소명). 그와 동시에 성령은 어두운 마음에 복음의 빛을 비추어 거듭나게 합니다(중생). 그래서 복음을 믿고 회개하게 합니다(개종). 그런 믿음과 회개 자체가 성령이 마음을 새롭게 한 중생의 증거입니다. 이런 바울의 가르침에서 소명과 중생, 믿음과 회개를 논리적으로 구별한 전통적인 구원의 서정 교리에 대한 근거를 발견할 수 있습니다.

바울은 구원하시는 성령의 사역을 다양한 관점에서 조명하였습니다. 성령이 거듭나게 하시고(딛 3:5), 의롭게 하시며(롬 14:17, 고전 6:11, 갈 5:5), 양자되게 하시고(롬 8:14-17), 해방하시며(롬 8:2, 고후 3:18) 거룩하게 하시고(롬 15:16, 고전 6:11, 살전 4:8, 살후 2:13), 견인하게 하시며(엡 4:30, 살전 1:6),

성령이 임하시면 권능을 받고

육체의 부활로 궁극적인 구원에 이르게 하신다(롬 8:11)고 했습니다.

성령의 갱신 사역의 다양한 측면이 한데 어우러져 있습니다. 성령 안에서 칭의와 같은 법적이고 신분적인 변화와 함께 중생과 성화 같은 실제적인 변화가 긴밀하게 연결되어 있습니다. 칼뱅이 말했듯이, **칭의와 성화**는 개념적이며 논리적으로 구별되어야 하지만 경험적으로는 분리될 수 없습니다.[3] 종교개혁의 전통에서 칭의는 우리 안의 어떤 새로움이나 거룩함(성화)에 전혀 근거하지 않고 전적으로 우리 밖에서 이루어진 낯선 의로움, 예수님이 십자가와 부활로 이루신 의로움에만 근거한다는 점을 강조합니다. 그렇다고 믿기만 하면 아무런 변화 없이 옛 사람 그대로 살아도 구원받는다고 가르치는 것으로 생각하면 큰 오산입니다. 논리적으로 중생과 믿음과 칭의와 성화는 구분되지만, 경험적으로는 동시적이며 하나로 연결되어 있습니다.

성령으로 거듭나는 중생에서 비롯된 믿음이 있어야만 의롭다 함을 받는 칭의가 가능합니다. 그러므로 중생 없이 칭의만 있을 수 없습니다. 또 성령의 새 창조에서 나온 믿음은 우리를 의롭다 함을 받게 하는 동시에 죄의 속박에서 해방하여 하나님의 통치로 들어가게 합니다. 칭의와 동시에 성화가 일어나게 합니다. 그러므로 칭의를 실제적인 변화인 중생과 성화와 분리하여 평생 아무런 변화와 새로움이 없어도 믿기만 하면 의롭다 함을 받고 구원받는다고 주장하는 것은, 성령의 새 창조와 해방 사역을 모두 부인하는 심대한 오류를 범하는 것입니다.

1 복음의 진리를 믿지 않는 것은 단순히 머리의 문제만이 아니라 근본적으로 마음의 문제입니다. 진리의 빛이 비칠 때 우리 마음에서 어떤 작용이 일어납니까?

2 복음을 전하고 들을 때 벌어지는 영적 싸움은 무엇입니까?

3 하나님 나라에 들어가기 위해서는 반드시 성령으로 거듭나야 합니다. 여러분은 성령으로 거듭났습니까? 그 증거가 무엇입니까?

4 하나님의 맛을 알고 있습니까? 알고 있다면 그 맛이 어떠한지 나누어 봅시다.

5 성령의 새 창조에서 산출되며 진정한 구원에 이르는 믿음은 어떤 것인지 나누어 봅시다.

6 하나님의 통치와 나라를 영접하는 믿음은 순종하는 믿음입니다. 순종하지 않아도 믿기만 하면 구원받는다는 말이 얼마나 방종을 합리화하는지 나누어 봅시다.

7 오랫동안 신앙생활을 하는 가운데 중생과 성화의 증거와 열매가 전혀 나타나지 않음에도 오직 칭의로만 구원받았다고 안심할 수 있을지 나누어 봅시다.

9장

성령은
우리 안에
흐르는 생수의 강

1. 생수가 흘러나오는 배

생수의 근원

성령은 신자 안에 거하십니다. 보혜사 성령이 오시면 너희 안에 계실 것이라고 주님이 말씀하셨습니다(요 14:17). 첫 번째 보혜사인 예수님은 제자들 곁에 계셨지만, 또 다른 보혜사인 성령님은 그들 안에 계신다는 것입니다. 이는 "내 영을 너희 속에 둔다"는 에스겔의 예언이 성취된 것입니다(겔 36:27). 바울도 이 구약의 표현을 차용하여 새 언약이 우리 가운데 실현되었음을 상기시켰습니다(롬 5:5; 8:8-11,

고전 3:16; 6:19, 고후 1:22, 살전 4:8).

성령은 새 창조와 새 생명의 근원으로 신자 안에 거하십니다. 이 사실을 묘사한 가장 극적이고 강렬한 이미지가 배에서 흘러나오는 생수의 강일 것입니다. 주님이 "나를 믿는 자는 성경에 이름과 같이 그 배에서 생수의 강이 흘러나오리라"고 하셨습니다(요 7:38). 주님이 성경 어디를 가리키신 것인지 확실하지 않습니다. 구약 선지서에 하나님은 **생수의 근원**이라는 말씀(렘 2:13, 17:13)과, 하나님이 이스라엘을 회복하실 때 광야에 강이 흐르고 그들의 심령이 물 댄 동산같이 될 것이라는 말씀(렘 31:12)이 등장합니다. 또 에스겔서 47장에는 성전에서 생명수가 흘러나오는 환상이 기록되어 있습니다. 주님이 이러한 구약성경을 염두에 두고 하신 말씀이라고 볼 수 있습니다.

나를 믿는 자는 그 배에서 생수의 강이 흘러나올 것이라고 했는데, 여기서 배가 누구의 배를 뜻하는지에 대한 논란이 있습니다.[1] 생수의 강이 흘러나오는 주체가 주님인지 아니면 신자인지에 관한 해석이 엇갈립니다. 그러나 두 가지 해석이 모두 가능하다고 봅니다. 주님이 생수의 근원이시니 주님으로 해석하는 것이 더 타당한 것 같습니다. 그러나 문맥상으로는 신자의 배로 보는 것이 더 적합한 해석 같기도 합니다. 주님이 이미 사마리아 여인에게 "내가 주는 물은 그 속에서 영생하도록 솟아나는 샘물이 되리라"고 하셨습니다 (요 4:14). 주님이 생수를 주시는 근원이신 동시에 신자도 그 물을 마시면 생수가 솟아나는 샘의 근원이 될 것이라는 말씀입니다. 이러한 맥락 가운데는 두 가지 의미가 다 내포되어 있다고 봅니다. 그러니 생수가 흘러나오는 주체를 신자로 보더라도 주님이 생수의 근원임을 전제하는 것이니 다른 해석의 의미까지도 포괄한다고 볼 수 있습니다.

주님이 온전한 생수의 근원이십니다. 신자는 그 주님을 모심으로 이차적으로 생수의 근원이 된다고 볼 수 있습니다. 주님이 성령의 생명수가 흘러나오는 성전의 원형이십니다. 신자는 주님을 모심으로 이차적으로 성령의 생명수가 흘러나오는 성전입니다. 이 대목에서 생명수가 흘러나오는 새로운 성전에 관한 에스겔의 환상이 참된 성전인 예수님과 그와 연합한 신자에게 실현됨을 암시한 것이라고 봅니다.

넘쳐흐르는 은혜

그러면 주님이 말씀하신 배는 무엇을 뜻할까요? 소화기를 의미하지는 않겠지요. 그것은 우리 마음, 우리 내면의 깊은 곳, 우리 존재의 심연을 뜻할 것입니다. 우리의 존재 깊은 곳에 부정적인 감정과 의식, 염려와 두려움과 스트레스가 쌓여 강처럼 흐르면 우리 삶은 심히 고달파집니다. 그러나 주님이 말씀하셨듯이 우리 배에 성령의 생수가 강처럼 흐르면 우리에게 깊은 평안과 안식이 있습니다.

우리의 의식 아래로 광활한 잠재의식이 도사리고 있습니다. 이 잠재의식에 오래 쌓인 것이 우리의 됨됨이와 성품과 삶을 결정합니다. 우리 안에 도사리고 있는 마음의 상처, 억눌린 감정과 욕망, 열등감과 낮은 자존감과 병든 자의식이 우리의 삶과 행동과 인격에 은밀한 영향을 미칩니다. 선한 사람은 그 마음에 쌓인 것에서 선함을 낸다고 했습니다. 우리에게서 무언가가 흘러나옵니다. 무의식에 있는 것들이 우리의 말과 눈빛, 인상에서 흘러나오고 습관으로 나타납니다. 우리는 일일이 다 의식하고 생각하며 행동하지 않습니다. 우리는 주로 무의식과 몸에 밴 습관으로 삽니다.

의식적으로 은혜롭게 행동하려고 노력해도 무의식적으로 튀어나오는 말과 행동은 은혜롭지 못해 사람들에게 상처를 줄 수 있습니다. 특별히 가정에서 이런 모습이 드러납니다. 교회나 사회에서는 남에게 괜찮은 사람으로 보이려는 의식적인 노력을 기울이게 됩니다. 그러나 가정에서는 이런 긴장이 풀어지고 자기도 모르게 무의식의 뚜껑이 열려 그 안에 쌓인 것들이 흘러나옵니다. 우리 자녀들은 교회에서 세련되게 다듬어진 부모의 모습이 아니라 가정에서 그들의 있는 그대로의 모습에서 더 큰 영향을 받습니다. 부모에게서 자연스럽게 흘러나오는 것이 자녀들에게 상처를 줄 수 있습니다. 그러므로 가정에서 그리스도인이 되기 위해서도 은혜가 흘러넘치는 이가 되어야 합니다. 그리스도인의 삶과 사역의 비결은 넘치도록 수고하는 것이 아니라 넘쳐흐름입니다. 넘쳐흐르는 것이 그렇게 힘들지 않은 것은 충만한 은혜로 하는 것이기 때문입니다. 하나님이 넘쳐흐르는 삶을 살도록 성령을 주셨습니다. 성령은 **넘쳐흐르는 은혜**입니다. 그래서 성령을 생수의 강에 비유했습니다.

우리가 새로워지려면 의식만이 아니라 잠재의식에 변화가 일어나야 합니다. 지성만 변해서는 사람이 바뀌지 않습니다. 우리의 무의식에 도사리고 있는 욕망과 몸에 깊이 밴 습관과 기질이 바뀌어야 새로워집니다. 지적인 교육이나 윤리와 도덕으로만 인간의 잠재의식이 새로워질 수 없습니다.

제임스 스미스는 『하나님 나라를 상상하라』는 책에서, 전통적인 신앙이 지나치게 지성 위주로 치우쳐 있다는 점을 지적했습니다.[2] 교회 교육이 사람들을 지적으로 설득하는 데 초점이 맞추어져 있다는 것입니다. 기독교 신앙에서 지성에 호소하는 것이 분명히 필요하고 중요하지만, 그것만으로 충분하다고 생각하는 것은 문제라는 것입니다. 지성만 설득되어서는 사람의 정서와 인격이 변하지 않는다는 것입니다. 제임스 스미스는 우리 이성의 저변에 깔린 광활한 무

성령이 임하시면 권능을 받고

의식의 세계에 도사리고 있는 욕망과 우리 몸속에 깊이 배어 있는 기질과 습관이 변해야 사람의 성품이 변한다고 했습니다.[3] 여기서 성령의 은혜가 우리 내면의 깊은 세계로 들어가는 통로가 말씀에 영감된 상상력이라는 것입니다.

우리를 새롭게 창조하시는 성령 하나님만이 우리의 의식뿐 아니라 무의식과 잠재의식의 세계까지 변화시킬 수 있습니다. 성령 사역의 중요한 특성은 침투입니다. 전기나 레이저 광선이 우리를 관통하듯, 성령이 우리의 전인, 잠재의식의 세계까지 깊이 침투하여 새롭게 하는 사역을 하십니다. 성령으로 충만하다는 것은 성령이 우리 의식뿐 아니라 무의식 세계까지 관통하여 주관하며 새롭게 하는 것을 뜻합니다.

2. 마음 치료사

속사람을 강건하게 하는 성령

바울은 성령으로 말미암아 속사람을 능력으로 강건하게 해 달라고 기도했습니다(엡 3:16). 성령의 권능은 속사람을 강건하게 하는 능력입니다. 제자들이 성령의 권능을 받은 증거가 그들의 속사람이 강건해짐으로 나타났습니다. 그렇게 겁약했던 제자들이 성령을 받고 세상이 감당할 수 없는 거인들로 변했습니다. 겉으로 보기에 그들은 예전과 똑같았지만 그들의 속에서는 놀라운 변화가 일어난 것입니다.

제자들의 문제는 그들의 속사람이 연약한 데 있었습니다. 그들은 깨닫기에 둔하고 잘 믿지 못했습니다. 그 마음이 두려움과 염려와 시기에 사로잡히곤 했습니다. 그래서 십자가의 길을 가시는 주님을 끝까지 따르지 못하고 줄행랑을 쳤습니다. 육신의 주님이 그들 곁에 계실 때도 이런 속사람의 문제는 근본적으로 해결되지 않았는데, 두 번째 보혜사 성령이 그들 안에 들어오심으로 그들의 속사람에 큰 변화가 일어났습니다. 죽음의 위협 앞에서 비굴해지지 않고 극심한 핍박과 고난 가운데서도 무너지지 않는 강인한 속사람으로 새로워진 것입니다.

인간의 문제는 속사람이 심각하게 망가지고 병들어 있는 것입니다. 그럼에도 사람들은 속사람은 전혀 돌보지 않고 온통 겉사람을 가꾸고 단장하는 데 열중합니다. 오늘날 가장 교인수가 많은 종교가 자기 몸을 숭배하는 '몸 종교'라고 합니다. 사람들이 겉은 멀쩡한데 속이 병들고 썩어 문드러져 있습니다. 이 사회에 속사람이 썩은 악취가 가득합니다. 사람들에게 흘러나오는 부패한 말과 행실과 인격은 그들의 속사람 곧 마음이 병든 증상입니다. 그리스도 안에 있는 새 사람이 세상의 옛 사람과 비교하여 다른 점은 무엇일까요? 그들의 겉사람은 똑같습니다. 겉사람은 세상 사람보다 더 초췌하고 초라할 수 있습니다. 그럼에도 그들의 속사람이 성령의 능력으로 새로워지고 강건해졌다는 것이 세상과 근본적으로 구별되는 점입니다.

바울은 성령으로 말미암아 우리 속사람이 능력으로 강건해지고 우리가 사랑 가운데서 뿌리가 박히고 터가 굳어지기를 기도했습니다(엡 3:16-17). 여기서 사랑은 우리를 향한 하나님의 사랑과 하나님을 향한 우리의 사랑 둘 다 포함한다고 봅니다. 사랑은 항상 쌍방적인 관계에서 이루어집니다. 그런데 문제는 주님과의 관계에서 이 사랑이 일방통행으로 흐를 때가 많다는 것입니다. 주님은 우리를 변함없이 사랑하시지만 우리는 그 사랑에 제대로 반응하지 못하곤 합니다. 주님과의 관계에서 우리는 온전한 자율성을 가진 인격자로서 역할을 하지 못하는 것입니다. 주님을 사랑하고 순종하며 닮아가지 못합니다. 성령은 그런 우리의 연약한 속사람을 강건하게 하여 주님을 향한 우리의 책임과 역할을 잘 감당하게 하십니다. 주님을 신뢰하고 사랑하며 순종하게 하십니다. 그래서 속사람을 새롭게 하는 성령을 체험하면 우리는 자유해진 나, 평안해진 나, 주님을 닮아가는 나를 체험합니다. 성령 안에서 우리는 진정한 자아를 발견하고 체험합니다.

주님의 구원 사역은 우리 속사람, 마음에 초점이 맞추어져 있습니다. 성령의 능력으로 강건해지고 하나님의 사랑에 깊이 뿌리내린 속사람이 하나님이 원래 의도하신 인간의 복되고 온전한 상태, 곧 샬롬을 회복한 마음입니다. 성령은 병들고 상한 마음을 고쳐 하나님이 보시기에 심히 좋은 상태로 복원하여 참된 안식과 평강을 누리게 하십니다. 하나님의 사랑과 생명에서 뿌리 뽑힌 황량한 마음이 다시 하나님과 연합하여 물 댄 동산과 같은 심령이 됩니다.

마음이 아픈 이들

이 사회에 속사람이 병들고 아픈 이들이 많습니다. 한국이 OECD 국가 중에 자살률이 가장 높은 반면 행복지수는 가장 낮다고 합니다. 불안지수도 아마 가장 높을 것입니다. 좁은 땅덩어리에 오천만이 넘는 인구가 밀집한 가운데 피 터지게 생존경쟁하며 살자니 불안이 증폭될 수밖에 없습니다. 마음이 강해야만 살아남을 수 있는 사회인데 마음이 허약하고 아픈 사람이 참 많습니다.

몸이 아프면 치료를 받을 수 있지만, 마음은 아무리 아파도 신통한 약도 없고 치유해 줄 의사도 없습니다. 한 간증 프로그램에 어느 연예인이 출연하여 전남편으로부터 괴롭힘을 당하고 이혼하면서 겪은 마음의 고통이 담긴 기도문을 보여주었습니다. 거기에 이런 대목이 있었습니다. "주님, 고통이 쉴 새 없이 밀려옵니다. 죽을 것 같습니다. 숨을 쉴 기운도 없습니다." 마음이 너무나 아프면 밥을 먹을 수도 없고 숨을 제대로 쉴 수도 없습니다. 그 아픔을 견딜 수 없으면 극단적인 선택을 하기도 합니다. 죽을 만큼 마음이 아파도 그 어디에서도 도움을 받을 수 없습니다.

유튜브에서 아프고 상한 마음을 위한 유명한 강의를 여러 개 들어 보았습니다. 한 정신과 의사의 강의도 있었는데, 좋은 이야기이지만 아픈 마음을 치유하는 데 얼마나 도움이 될지 의문이 들었습니다. 마음이 아플 때 가족이나 나를 사랑하는 이들의 위로가 어느 정도 도움이 되기도 합니다. 그러나 어떤 아픔은 아무도 동참할 수 없이 오롯이 자기 혼자 감당해야 할 고통입니다.

고통의 심연에서 우리를 도와줄 수 있는 전능자를 만난다면 그보다 더 큰 복은 없을 것입니다. 고통받는 심령의 외침이 사람들에게는 잘 들리지 않지만 하나님께는 아주 잘 들립니다. 과거 주님이 이 땅에 계실 때, 육신이 아픈 이들의 부르짖음을 외면하지 않고 그들을 치유해 주셨습니다. 지금은 의술이 발달하여 웬만한 질병은 병원에서 치료할 수 있습니다. 그러나 마음의 병을 고치는 의술은 아직 별 효험이 없습니다.

그런데 기쁜 소식은 2천 년 전 육신의 아픔을 고치시는 데 탁월하셨던 예수님이 지금도 우리 가운데 계시다는 사실입니다. 과거 육신의 주님이 몸의 질병과 아픔을 치유하시는 데 전공이셨다면, 지금 성령으로 우리 가운데 계신 주님은 우리 마음의 아픔을 치유하시는 데 전공이십니다. 우리 안에 계신 성령은 우리 마음 곧 속사람을 새롭게 하는 새 언약, 새 창조의 은혜입니다.

상처받은 치유자

신자도 험한 세상에서 마음이 상하고 무너지며 찢어지는 것 같은 아픔을 경험할 때가 있습니다. 사람들과의 관계에서 많은 아픔을 경험합니다. 거짓되고 인간 같지 않은 인간들에게 부대끼며 억울한 일을 당하기도 합니다. 악한 혀에서 나오는 말이 비수처럼 우리 마음을 찔러 아프게 합니다. 세상에서 좌절하고 실패해서 마음고생을 합니다. 우리 자녀들은 수능 시험을 잘 치르지 못하여 마음이 아픕니다. 청년들은 취업이 안 되고 앞길이 막막해서 낙담합니다. 가족을 책임져야 하는 가장은 경제적인 어려움과 미래에 대한 불안과 염려로 마음이 무겁습니다. 목사도 한국 교회가 무너져 가니 마음이 힘들고 침울합니다.

신자로서 은혜 가운데 살면서 항상 평안해야 한다는 생각이 우리를 더욱 힘들게 할 수 있습니다. 세상 사람들과 마찬가지로 신자도 마음이 괴로울 때가 많습니다. 우리는 부정적인 감정과도 더불어 사는 법을 배워야 합니다. 신자는 두려워하고 근심하며 낙심하지만, 거기에 완전히 함몰되지는 않습니다. 마음이 상하고 아플 때도 많지만, 그로 인해 완전히 거꾸러지지는 않습니다. 신자의 특징은 영적 복원력에 있습니다. 우리 안에 성령과 주님이 계시기에 우리는 다시 회복됩니다. 주님이 우리의 상한 마음을 만지고 위로하시기에 마음의 상처와 아픔을 딛고 일어섭니다. 저녁에는 울음이 깃들일지라도 아침에는 기쁨이 온다고 했습니다(시 30:5).

주님이 우리 속사람을 단숨에 치유하시고 강건하게 하시기도 하지만, 대개는 점진적인 과정을 통해 회복하십니다. 우리는 빠른 치유를 원합니다. 그러나 기다림을 통한 점진적인 회복과 치유가 우리에게 더 풍성한 은혜를 안겨 줍니다. 치유의 과정을 통해 우리는 더 깊어지고 넓어집니다. 주님의 사랑에 더 깊이 뿌리를 내릴수록 그 사랑을 널리 전하고 베풀고 흘려보낼 수 있습니다. 마음이 아픈 이들, 상처받은 이들을 더 깊이 이해하고 긍휼히 여기게 됩니다. '상처받은 치유자'라는 말이 있습니다. 상처받은 자신을 치유하시는 주님의 손길을 체험한 사람이 마음이 아픈 이들을 자상하게 도와주며 주님께 인도할 수 있습니다. 그래서 우리에게 고난은 고난으로만 끝나는 것이 아니라 상처받은 치유자가 되라는 사명으로 이어집니다.

1 주님이 우리 안에 거하시는 성령의 넘쳐흐르는 은혜를 무엇에 비유하셨습니까? 주님이 넘쳐흐르는 삶을 살라고 성령을 주셨다는 사실을 믿으십니까?

2 무의식에 쌓인 것들이 흘러나와 가족에게 상처를 주는 일이 없는지 돌아보고 나누어 봅시다.

3 지성만 설득되어서는 우리가 변하지 않습니다. 광활한 무의식의 세계에 도사리고 있는 욕망과 우리 몸속에 깊이 배어 있는 기질과 습관이 변해야 사람의 성품이 변한다고 합니다. 성령이 어떻게 우리의 무의식을 변화시키는지 나누어 봅시다.

4 성령을 받은 뒤 제자들의 속사람은 어떻게 변화되었습니까? 우리에게도 필요한 속사람의 변화는 무엇입니까?

5 과거 육신의 질병을 고치셨던 예수님은 지금도 성령을 통하여 우리 마음의 아픔을 치유하시는 명의이십니다. 마음이 아플 때 어떻게 이 명의를 만날 수 있습니까?

6 우리는 점진적인 치유와 회복의 과정을 통해서 아픈 이들을 돕는 '상처받은 치유자'로 성장합니다. 우리의 고난은 고난으로만 끝나는 것이 아니라 사명으로 이어진다는 사실을 기억하며 서로 위로합시다.

성령이 임하시면 권능을 받고

10장

성령은
우리를 에워싼
환경

1. 하나님은 우리 집

예수님이 가서 예비하신 거처

성령은 우리 안에 하나님이 거하실 새집을 지으실 뿐 아니라 하나님 안에 우리가 살 새집을 지으십니다. 예수님이 아버지 집에 우리가 거할 처소를 예비하기 위해 가신다고 하셨습니다. "내 아버지 집에 거할 곳이 많도다. 그렇지 않으면 너희에게 일렀으리라. 내가 너희를 위하여 거처를 예비하러 가노니 가서 너희를 위하여 거처를 예비하면 내가 다시 와서 너희를 내게로 영접하여 나 있는 곳에 너희도 있게 하리라"(요 14:2-3). 주님이 말씀하신 거처는 어디인가요? 그 것은 전통적으로 이해해 왔듯이 주님이 재림하심으로 신자 가 거하게 될 영원한 성전, 새 하늘과 새 땅을 의미한다고 볼 수 있습니다.

그러나 오늘날 학자들은 또 다른 해석의 가능성에 무게 를 두고 있습니다.[1] 요한복음 14장 전체 문맥 속에서 주님의 다시 오심은 재림을 뜻하기보다는 부활과 성령을 통해 오심 을 가리킵니다. 따라서 주님이 가서 예비하신다고 하신 거 처는 우리가 마지막에 들어갈 영원한 하늘 성전 곧 새 하늘 과 새 땅만이 아니라, 성령과 그리스도 안에서 우리가 지금 들어가는 아버지 집 곧 하늘의 영역을 뜻한다고 봅니다. 주 님이 "나 있는 곳에 너희도 있게 하리라"고 하셨습니다. 우 리는 그리스도와 연합하여 주님이 계신 "아버지 안에" 있습 니다. 그래서 주님이 성령이 오시는 날에 "내가 아버지 안 에, 너희가 내 안에, 내가 너희 안에 있는 것을 너희가 알리 라"고 하셨습니다(요 14:20).

성령을 통하여 우리는 그리스도 안에 거하며 그리스도와 함께 아버지 안에, 아버지 집에 거합니다. 그런즉 우리는 성 령 안에서 그리스도의 품, 더 나아가 아버지의 품에 안겨 있 는 것입니다. 요한 사도가 자신을 주님의 품에 있는 사랑하 는 제자로 말하기를 즐기듯이, 우리도 주님의 품에 안겨 사랑받는 이들입니다. 성령 안에서 우리는 하나님 아버지의 사랑의 품에 있습니다. 하나님의 영원무궁한 사랑의 품에서 우리를 빼앗을 자가 없습니다.

탕자의 비유에서처럼(눅 15:11-32), 하나님을 멀리 떠난 죄인들이 예수 그리스도의 구속으로 말미암아 아버지께 돌아와 그 품에 안긴 것입니다. 그 주린 배를 아버지 집의 풍성한 양식으로 채울 수 있게 되었습니다. 다시 아들의 자격과 권리를 부여받았습니다. 바울 사도는 이 사실을 가리켜 우리가 그리스도와 함께 하늘에 속한 영역에 앉았다고 묘사했습니다(엡 2:6). 그 영역은 우리가 그리스도와 함께 만물을 다스리는 권세를 행사하는 자리를 뜻합니다. 우리 육신은 여전히 이 땅에 거하지만, 우리는 하늘에 속한 모든 신령한 복을 누리며(엡 1:3) 그리스도와 함께 하늘의 권세를 집행하는 하늘의 시민입니다.

빛 속에 살다

성경에는 그리스도 안과 밖에 있는 존재의 차이가 빛과 어두움으로 묘사되어 있습니다. 전에 우리는 흑암의 권세 아래 있었습니다. 그러나 이제 아들의 빛의 나라로 옮겨졌습니다(골 1:12-13). 바울의 가르침에서, 성령 안에 행하는 것과 빛 가운데 행하는 것은 평행을 이루고 있습니다(엡 5:8-18).

요한도 진리 가운데 행하는 것을 빛 가운데 행하는 것이라고 했습니다(요일 1:7, 2:9). 우리가 성령 안에, 하나님의 임재 안에 있음은 그 얼굴빛 가운데 있음을 뜻합니다. 하나님이 빛을 비추심으로 첫 창조를 시작하셨던 것과 같이, 성령은 예수 그리스도의 얼굴에 있는 하나님의 영광을 아는 빛을 비추심으로 새 창조를 행하십니다(고후 4:6). 신자는 새 창조의 빛이 비치는 영역에 살고 있습니다.

성령의 새 창조 사역을 편의상 일곱 가지로 요약할 수 있습니다.

조명하심illuminate

자유하게 하심liberate

치유하심heal

안식하게 하심rest

풍성하게 하심flourish

아름답게 하심beautify

능하게 하심empower

이렇게 성령의 새 창조 사역은 빛이 프리즘을 통해 무지개처럼 일곱 가지 색으로 나뉘는 것같이 다채로운 특성을 지닙니다. 교회와 신자는 이러한 성령의 사역을 수반하는 새 창조의 빛 가운데 살고 있습니다.

먼저 성령은 진리를 조명하십니다. 진리의 빛을 비추어 어두운 우리 마음을 밝혀 복음의 진리를 깨닫게 하십니다. 이 진리의 빛이 비치면, 거짓말로 운행되는 어두움의 왕국이 붕괴되고 우리는 그 속박에서 해방됩니다. 그래서 주님이 "진리를 알지니 진리가 너희를 자유롭게 하리라"(요 8:32), "아들이 너희를 자유롭게 하면 너희가 참으로 자유로우리라"고 하셨습니다(요 8:36). 성령 안에 우리를 억압하는 죄와 사망의 세력을 압도하는 성령의 권능이 역사합니다. 그래서 바울은 그리스도 안에 생명의 성령의 법이 우리를 죄와 사망의 법에서 해방했다고 선언했습니다(롬 8:2). 또 주의 영이 계신 곳에는 자유가 있다고 했습니다(고후 3:17).

성령의 그다음 사역은 치유하심입니다. 주님의 얼굴에서 죄로 병들고 망가진 인생을 치유하는 광선이 발합니다. 그래서 죄로 일그러진 하나님의 형상을 복원합니다. 성령은 하나님이 원래 의도하신 온전하고 복된 인간의 상태 곧 샬롬을 회복하여 주 안에서 안식을 누리게 하십니다. 더 나아가, 그리스도 안에서 풍성한 생명을 얻게 하십니다. 그리스도를 닮은 아름다운 성품의 열매, 성령의 열매를 풍성하게 맺게 하십니다. 그래서 성령으로 충만하면 광신적이고 열광적인 사람이 되는 것이 아니라 아름다운 사람이 됩니다.

마지막으로, 성령은 우리를 능하게 하십니다. 오순절에 제자들이 성령으로 충만함으로 능력을 받아 땅끝까지 복음을 증거하는 사명을 수행했습니다. 그들 안에 일어난 해방과 생명의 역사가 그들의 복음 사역을 통해 많은 사람들 안에 재현되었습니다. 수많은 무리가 죄와 사망의 권세에서 해방되고 그리스도의 풍성한 생명을 얻는 역사가 되풀이되며, 하나님 나라와 새 창조가 온 세상에 확장되었습니다. 따라서 우리가 성령 안에 있다는 것은 새 창조를 이루시는 성령의 사역의 빛이 찬란하게 비치는 영역에 존재하고 있음을 의미합니다.

빛 속에서 우리의 얼굴을 찾다

우리는 주님의 얼굴빛 가운데 우리의 얼굴을 찾습니다. 우리는 이 사회에서 사람들에게 좋은 평판과 인정을 받을 수 있는 이미지를 가꾸기 위해 쉼 없이 수고하는 삶을 삽니다. 심지어 교회에서조차 참된 자아로 성숙하기보다 세련된 종교적인 가면으로 점점 더 굳어질 수 있습니다. 보이지 않는 하나님보다 보이는 사람들에게 괜찮은 신자라는 인정을 받는 데 더 많은 관심과 에너지를 쏟으며 교회 생활을 합니다. 가면에 익숙해지면 점차 자신의 외양을 실제로 착각하며 가면을 참자아와 혼동하게 되고, 진정한 자아를 상실할 위기에 처하게 됩니다. 종교적인 가면은 삼중적인 위장 효과가 있습니다. 자신의 참모습을 하나님과 사람들에게 숨기고 자신에게까지 철저히 감춥니다. 그러면 진정한 변화는 불가능해집니다. 교회 생활이 도리어 종교적인 가면을 강화하여 주님의 얼굴을 영영 보지 못하게 할 수 있습니다. 평생 가면 속에 숨어 주님을 대면하기를 회피합니다. 오늘날 교회에 참그리스도인의 얼굴은 보기 힘들고 가면만 가득한 것이 아닌지 모르겠습니다.

성령의 빛 가운데 있으면 우리는 빛보다 어두움을 먼저 느낍니다. 그 빛 가운데서 우리의 어두움, 그 속에 숨겨진 자아의 모습, 우리의 추하고 부끄러운 민낯이 드러나기 때문이지요. 그러나 그 어두움을 보는 것 자체가 하나님의 얼굴빛을 접하는 증거입니다. 그 빛 가운데 흉하게 일그러진 우리 얼굴을 볼 때, 그런 우리를 사랑과 긍휼과 용서의 눈빛으로 보시는 하나님의 얼굴을 마주합니다. 하나님은 우리를 숨은 죄를 파헤쳐 정죄하는 심판자의 눈으로 보시는 것이 아니라, 자식을 불쌍히 여기는 아비의 눈으로 보십니다. 우리의 추한 죄를 보실 때도 증오와 분노로 이글거리는 눈으로 보시는 것이 아니라, 사랑하는 아들의 허물을 보는 아빠의 근심 어린 눈으로 보십니다. 복음은 이 하나님의 눈빛에 대한 증거입니다.

하나님이 예수 그리스도의 십자가를 통해 우리를 보십니다. 죄인을 향해 진노하시는 하나님의 무서운 얼굴빛이 십자가에서 한없이 자애롭고 인자한 얼굴빛으로 바뀌었습니다. 십자가에서 고통으로 일그러진 예수님의 얼굴에 있는 하나님의 사랑의 얼굴빛이 우리를 자유롭게 하고 치유하며 풍성하게 하는 은총의 빛입니다. 하나님의 임재의 빛 가운데 사는 것이 가장 복되고 평안한 삶입니다. 이 은혜를 아는 이는 이 빛 가운데 나가기를 기뻐합니다.

이 빛 가운데 우리의 추한 죄악이 드러나고 십자가의 효력으로 소멸됩니다. 그래서 요한 사도는 "그가 빛 가운데 계신 것같이 우리도 빛 가운데 행하면 우리가 서로 사귐이 있고 그 아들 예수의 피가 우리를 모든 죄에서 깨끗하게 하실 것"이라고 했습니다(요일 1:7). 그 빛 가운데 우리가 날로 깨끗해지고 새로워집니다. 하나님과의 사이에 막힌 것이 없이 투명해집니다. 이 빛 속에 우리의 가면이 벗겨지고 우리의 맨얼굴이 은혜의 광채를 입습니다. 그래서 주님의 얼굴빛을 반사하는 그리스도인의 얼굴을 되찾게 되지요. 주님의 얼굴과 그 눈빛을 본 사람은 그 눈빛을 전달하는 이가 됩니다.

비난과 정죄의 차갑고 날카로운 눈빛이 가득한 교회는 가면을 벗기에 가장 위험한 곳입니다. 그러니 사람들이 더 두꺼운 가면 속으로 꼭꼭 숨습니다. 그러나 사랑과 긍휼의

성령이 임하시면 권능을 받고

눈빛이 가득한 교회는 가면을 벗기가 가장 편하고 안전한 장소입니다. 따스한 사랑의 눈빛이 서로의 가면을 벗을 수 있게 해줍니다. 서로의 얼굴을 찾게 해주는 성령의 은혜는 이런 눈빛을 따라 흐릅니다. 성령이 충만한 교회는 이런 빛이 가득한 곳입니다.

2. 우리를 에워싼 영적 현실

성령의 강물 속에서

이제 그리스도와 성령 안에 있는 사람에게는 그의 속사람 뿐만 아니라 그가 존재하는 상황과 환경도 새로워졌습니다. 그의 내면세계만이 아니라 외부 상황도 변한 것이지요. 성령은 우리 안에 생명의 근원으로 거하실 뿐 아니라, 우리가 존재하는 영역과 환경처럼 우리를 에워싸고 있습니다. 이 것을 학자들은 성령의 환경적인 특성이라고 합니다.[2] 성령은 우리가 존재하는 공기와 같습니다. 우리는 공기 안에 있고 그것을 들이마심으로 공기가 우리 안에도 있게 됩니다. 우리가 성령 안에 있고, 성령이 또한 우리 안에 있습니다. 상호 내재하는 것입니다. 그래서 성령은 자주 우리 앞에 있는 어떤 대상으로 체험되기보다는 우리를 에워싸고 있는 임재 encompassing presence로 경험됩니다.[3] 물속에서 물고기가 물을 자신을 둘러싸고 있는 환경, 공간으로 체험하는 것처럼 말입니다. 물은 물고기가 존재하는 영역입니다. 물고기가 물밖으로 나오면 곧 질식해서 죽습니다.

성령으로 거듭난 신자도 성령의 강물 속에서만 살 수 있습니다. 고대 종교에 어떤 물고기가 항상 물속에 살면서도 물을 찾고 있다는 이야기가 있습니다. 참으로 멍청한 물고기라 할 수 있습니다. 그런데 우리 신자가 그런 물고기 같다는 생각이 들 때가 있습니다. 우리도 성령 안에 살고 있으면서 성령을 찾아 헤맵니다. 신비하고 초자연적인 현상에서 또는 감정적인 희열과 흥분 속에서 성령을 찾기도 합니다. 그러나 그런 특별한 것이 전혀 없는 밋밋하고 평범한 일상 속에서도 우리는 늘 성령 안에 있습니다. 우리의 감정이 성령의 임재가 도무지 느껴지지 않는다고 아우성칠 때도 우리가 성령 안에 있다는 사실에는 전혀 변화가 없습니다. 그러니 성령이 우리와 함께 계신다는 사실과 그에 대한 느낌을 혼동하지 말아야 합니다.

우리는 우리를 에워싸고 있는 공간에서 밖으로 나와야만 그곳을 바르게 볼 수 있습니다. 우리가 서 있는 자리에서 발걸음을 옮기지 않는 한, 그 자리를 객관적으로 정확히 볼 수 없습니다. 우리를 감싸고 있는 성령의 환경적인 특성 때문에 성령의 임재를 느끼며 인식하기가 어려울 수 있습니다.

성령이 임하시면 권능을 받고

태아는 엄마 배 속에서 엄마를 자신과 분리된 대상이 아니라 자신과 하나인 존재로 체험합니다. 엄마는 자신을 에워싸고 있는 부드러운 막, 공간과 같지요. 태아가 엄마 배 속에서 나와 엄마와 이어진 탯줄을 끊은 뒤에야 엄마를 자신과 분리된 대상으로 체험합니다.

영적 배설

태아는 태중에서만 안전하게 보호받으며 생명을 위한 모든 것을 공급받으며 건강하게 자랍니다. 우리도 성령 안에서만 악한 세력으로부터 보호받으며 풍성한 생명을 공급받습니다. 태아는 그 안에 쌓인 노폐물을 태중에 배설한다고 합니다. 신자도 험한 세상에 살면서 영혼에 노폐물이 쌓입니다. 죄에 빠지고 실패하며 좌절하고 낙심합니다. 우리 육신이 배설해야 하듯이, 우리 영혼도 성령 안에 배설해야 합니다. 마음에 쌓인 노폐물, 죄와 상처와 불안과 염려, 두려움을 밖으로 배출해야 합니다.

어디에 배설해야 할까요. 화장실이 없는 집에 산다는 것은 상상만 해도 끔찍합니다. 성령을 우리가 거하는 영혼의 공간, 집에 비유한다면, 거기에는 우리가 매일 배설할 수 있는 좋은 화장실이 있다고 상상할 수 있습니다. 우리 육신이 오랫동안 배설하지 못하면 온몸에 독이 오르듯이 힘들어집니다. 마찬가지로 온갖 더러운 죄를 배설하는 회개를 오랫동안 하지 않으면, 죄의 독이 우리의 영적인 생명을 죽입니다. 영적인 배설행위가 기도이며 회개입니다. 우리는 성령 안에서 그 은혜로만 회개할 수 있습니다. 회개가 가장 귀한 성령의 은혜이지요. 성령은 우리 죄를 깨우치시고 책망하시며, 예수님이 십자가에서 이루신 죄 사함과 의롭다 하심의 은혜를 우리에게 효력 있게 적용하여 매일 우리가 내보내는 죄의 오물을 깨끗이 처리해 주십니다.

매일 성령의 은혜를 체험하며 사는 비결은 무엇일까요? 어떻게 해야 성령으로 충만할 수 있을까요? 성령 충만한 사람은 죄짓지 않고 쓰러지지 않는 사람이 아니라 회개를 잘하는 사람입니다. 우리 신자는 이 땅에서 완전함의 단계에 이르지 못하고, 매일 연약하여 쓰러지며 비틀거리는 순례의 여정을 지납니다. 성령으로 충만한 사람도 다른 사람보다 회개를 잘하는 죄인일 뿐입니다. 매일 회개하며 십자가의 은혜를 의지하는 것이 성령 충만의 비결입니다. 건강의 비결이 잘 먹고 잘 배설하는 것이듯, 영적인 건강의 비결도 마찬가지입니다.

바울은 성령 안에서 기도하라고 했습니다. 공기라는 환경이 우리에게 주는 혜택을 누리는 비결이 호흡이지요. 호흡하는 가운데 공기를 들이마심으로 우리 생명을 유지하게 하

성령이 임하시면 권능을 받고

는 산소를 공급받습니다. 또한 우리 몸에 쌓인 해로운 이산화탄소와 노폐물을 공기 속으로 내보냅니다. 우리는 끊임없이 공기와 교류하며 삽니다. 성령 안에서 기도하는 것도 그와 같습니다. 기도가 성령이라는 환경이 주는 모든 혜택을 누리는 비결입니다. 우리는 기도라는 호흡을 통해 성령의 생기와 평강을 들이마시고, 우리 마음에 쌓인 치명적인 노폐물을 성령 안으로 내보냅니다. 성령 안에서 기도하지 않는 이는 영적인 생명이 죽고, 정말 죽어야 할 옛 자아와 부패한 성향은 팔팔하게 살아납니다. 성령 안에서 기도하지 않는 영적 무호흡증만큼 위험한 것은 없습니다. 성령 안에서 사는 것은 매일 호흡하는 것처럼 자연스러운 것입니다.

성령의 권능, 하루를 사는 힘

바울 사도는 성령을 따라 행하라고 했습니다(갈 5:16). 헬라어 성경을 그대로 번역하면, 성령 안에서 걸으라는 말입니다. 우리가 매일 걷는 것처럼 성령 안에서 행하는 것도 일상적인 일입니다. 우리의 성령 체험이 종교적인 영역과 교회의 울타리 안에만 갇혀 있어서는 곤란합니다. 진정한 영성은 종교적으로 대단하고 특별한 일을 할 때가 아니라 평범한 삶과 일에서 드러납니다. 일상에서 별 의미 없어 보이는 자질구레한 일을 반복하는 데에도 **성령의 권능**이 필요합니다. 냉혹한

경쟁 사회에서 고약한 인간들과 부대끼며 고단한 하루를 사는 데 성령의 은혜와 평강이 있어야 합니다.

물론 우리에게 부흥과 같은 획기적인 성령의 은혜도 필요합니다. 그것이 오랜 영적 침체에서 벗어나는 계기가 될 수 있습니다. 성령을 오래 근심하게 한 삶에서 돌이키는 모멘트가 될 수 있습니다. 그러나 그런 체험은 매일 성령과 함께 걷는 삶으로 이어져야 합니다. 특별한 성령 체험을 한 이들이 평범한 일상으로 돌아와 매일 반복되는 지루하고 무료한 삶을 잘 견디지 못하는 경우가 있습니다. 그런 일상에서 도피하여 계속 초월적인 기쁨과 행복감을 맛보는 자극적인 은혜 체험을 갈구합니다.

그러나 우리는 감정적으로 고조된 상태로 계속 살 수는 없습니다. 예수님이 성령으로 충만하신 다음 광야로 들어가신 것처럼, 신자도 특별한 은혜 체험 이후 광야 같은 세상에서 여러 가지 고난과 시험과 씨름하며 무미건조한 일상을 치열하게 살아가야 합니다. 비정한 경쟁 사회에서 그리스도인의 빛된 삶을 사는 것은 아프리카 정글에서 선교하는 것 못지않게 힘든 사명입니다. 그러므로 매일 성령의 은혜가 절실합니다.

성령이 항상 우리와 함께 계시지만 일상 속에서는 성령의 임재를 잘 느끼지 못할 수 있습니다. 성령의 은혜와 임재를 사모하는 이들이 그 사실을 잘 이해하지 못하는 경우가 있습니다. 우리가 가정과 학교와 직장과 일터에서 우리가 하는 일에 열중하며 몰두할 때는 예수님을 생각할 겨를이 없습니다. 그것은 잘못된 것이 아니라 정상입니다. 집에서 엄마가 자기 일을 하느라 분주할 때, 아이는 그런 엄마를 찾지 않고 장난감을 가지고 노느라 정신이 팔려 있습니다. 그러나 엄마가 자신과 함께 있다는 것을 의식하기에 불안해하지 않고 안정감을 느끼며 놉니다. 성령은 늘 우리와 함께 계시지만, 있는 듯 없는 듯 우리 곁에 계신 분입니다. 간혹 헛기침해서 자신의 존재를 알리는 어떤 사람과 같습니다.

성령의 강물 속에서 가벼워짐

앞에서 우리가 성령 안에 있는 것을 물 안에 있는 것으로 비유했습니다. 우리 몸은 물속에 있을 때 가벼워집니다. 물의 밀도나 소금물의 농도가 높을수록 몸이 물의 부력에 의해 뜨게 됩니다. 그와 같이 성령 안에 있을 때 성령의 힘에 의해 우리의 자아가 가벼워집니다. 물에서 수영하는 법을 배울 때 우리는 자신의 힘으로 빠지지 않으려고 바둥거리는 것을 그치고 물에 몸을 맡겨야 합니다. 몸에 힘을 빼고 물의 힘을 의지해야 합니다. 성령 안에서 사는 것도 그와 같습니다. 육신의 힘을 빼고 성령의 능력을 의지하여 사는 법을 배워야 합니다.

우리 육신의 힘으로는 우리를 죄 아래로 끌어내리는 죄의 중력을 거슬러 행할 수 없습니다. 바울 사도도 자신 안에 역사하는 죄의 세력과 법으로 인해 "오호라, 나는 곤고한 사람이로다"라고 탄식했습니다(롬 7:24). 그러나 그는 거기서 그치지 않고 이어서 "그리스도 예수 안에 있는 생명의 성령의 법이 죄와 사망의 법에서 너를 해방하였음이라"고 찬양했습니다(롬 8:2). 이제 그리스도 안에서는 죄의 중력을 무력화하는 성령의 권능이 역사합니다. 그러니 육신의 힘으로 죄 속에 빠지지 않으려고 몸부림치기보다 성령의 권능에 자신을 맡기는 믿음으로 죄의 중력에서 자유해야 합니다.

우리는 많은 것에 짓눌려 삽니다. 우리에게 가장 무거운 짐은 우리 자신일 것입니다. 나는 내가 참 무겁습니다. 나의 걷잡을 수 없는 욕망이 나를 힘들고 지치게 합니다. 나의 못된 성질이 나를 괴롭게 하고 다른 이와의 관계를 어렵게 합니다. 또 우리는 계속 성과를 만들어 내라고 요구하는 세상의 압박에 눌려서 삽니다. 이런 세상에서 무언가를 이루지 못하면 루저가 된다는 두려움과 불안에 쫓기며 삽니다. 성령 안에서 우리에게 내려오는 하늘의 평강이 두려움과 염려의 짐을 덜어 줍니다. 우리 자아를 새롭게 하는 성령의 은혜가 무거운 자아의 짐을 가볍게 합니다. 주님이 "수고하고 무거운 짐 진 자들아, 다 내게로 오라. 내가 너희를 쉬게 하리라. 나는 마음이 온유하고 겸손하니 나의 멍에를 메고 내게 배우라. 그리하면 너희 마음이 쉼을 얻으리니"라고 하셨습니다(마 11:28-29). 성령은 우리를 주님과 연합하여 주님의 멍에를 메고 주님께 배우게 하십니다. 그래서 우리 마음에 진정한 쉼을 얻게 합니다. 이렇게 성령 안에서 행하면 우리 삶이 한결 편해집니다. 어떤 이는 성령의 은혜를 받는 가운데 자신의 몸과 마음이 깃털처럼 가벼워짐을 체험했다고 합니다.

우리가 하루를 사는 데 필요한 힘이 무엇보다 이런 가벼움입니다. 몸과 마음이 가뿐해지면 살맛이 납니다. 우리에게 활력이 넘치고 창의력이 솟아납니다. 가벼움이 삶의 예술입니다. 몸이 가벼운 게 건강의 비결이지요. 마음이 가벼운 게 정신 건강의 비결이기도 합니다. 가벼운 마음에서 즐거움, 명랑함, 유쾌함이 흘러나옵니다. 성령의 아름답고 복된 열매도 그런 가벼움에서 나온다고 볼 수 있습니다. 성령 안에서 우리를 편하게 하고 가볍게 하는 부력이 역사합니다.

3. 우리를 에워싼 고난의 현실

공존하는 두 현실

우리는 공존하는 두 가지 실제 속에서 살아가고 있습니다. 우선, 우리 신자는 성령 안에서 아버지의 품속에 거합니다.

죄와 사망의 세력을 압도하는 의와 부활의 능력이 역사하는 하늘의 영역에 삽니다. 그와 동시에 신자는 아직 죄가 지배하는 옛 세상에 살고 있습니다. 사도행전에서 성령의 새 시대가 도래하며 하나님 나라가 이 땅에 침공해 들어옴과 동시에, 옛 시대에 속한 어두움의 세력이 일어나 서로 대립하고 충돌하는 치열한 영적 전쟁이 벌어졌습니다. 사도들의 복음 사역은 옛 세상의 거센 반발과 반격을 뚫고 이루어내야 할 힘든 사명이었습니다. 사도들은 가는 곳마다 핍박과 환난을 만났습니다. 그들에게 임한 성령의 권능은 고난을 피하거나 면제해 주는 것이 아니라, 오히려 고난과 핍박과 맞서 굴하지 않고 그들의 사명을 수행하는 능력이었습니다. 성령 안에서 하나님 나라는 세상의 핍박과 환난으로 인해 저지되기보다는 더욱더 확장되었습니다.

하나님 나라와 고난은 떼려야 뗄 수 없는 관계입니다. 새 시대와 하나님 나라가 임하는데 옛 세상의 반발과 핍박이 없다는 것이 오히려 비정상입니다. 새 시대에 속한 이들이 이 세상에서 배척당하고 고난받는 것은 너무도 당연한 일입니다. 그래서 바울은 "우리가 하나님의 나라에 들어가려면 많은 환난을 겪어야 할 것이라"고 했습니다(행 14:22).

바울은 복음을 위해 당한 고난과 핍박이 자신의 사도됨의 중요한 증거라고 했습니다. 요즘 자칭 사도라는 이들이 많습니다. 그들이 사도의 권위를 가졌다는 증거로 내세우는 것은 대개 특별한 능력과 계시입니다. 그들은 병 고치는 능력을 과시하며 계시를 받고 예언을 하며 환상을 보았다고 자랑합니다. 그러나 그들에게 결여된 사도됨의 증거는 복음을 위한 고난과 핍박입니다. 그들은 고난 대신 주로 영광과 대접을 받습니다. 그것이 그들이 사이비라는 증거입니다.

하나님이 사도들의 사역에 초자연적으로 역사하시기도 했지만, 많은 경우 그들은 하나님께 아무 도움을 받지 못한 채 마치 버림받은 이들처럼 환난과 박해를 받았습니다. 마지막에는 하나님께 완전히 버림받은 사람처럼 참혹하게 죽임당했습니다. 예수님같이 십자가의 길을 간 것이지요. 성령의 권능은 십자가의 길을 감당하게 한 능력이었습니다.

초대교인들은 성령으로 충만했을 뿐 아니라 고난으로 충만했습니다. 바울의 서신 중에서 가장 먼저 성령에 관해 언급한 대목은 고난과 관련된 것입니다. "너희는 많은 환난 가운데서 성령의 기쁨으로 말씀을 받아 우리와 주를 본받은 자가 되었으니"(살전 1:6). 그들이 받은 성령의 권능은 고난을 기쁨으로 감당할 수 있는 초자연적인 힘이었습니다. 옛 세상에서 신자가 받는 분깃은 고난입니다. 예수 믿으면 세상에서 복 받고 잘되고 번영한다는 기복신앙을 부추기는 메시지는 하나님 나라의 복음을 심각하게 왜곡한 것입니다.

신자는 눈에 보이는 옛 세상의 고통스러운 현실과 눈에 보이지 않는 새 시대의 새로운 현실 속에서 살아가고 있습니다. 우리를 누르고 있는 옛 세상의 각박한 현실보다 성령이 우리를 감싸고 있는 영적 환경이 우리에게 더 긴밀하고 영구적인 일차 현실입니다. 신자는 보이는 세상 현실보다 눈에 보이지 않는 영적 현실에 믿음의 주파수를 맞추어야 합니다.

신자는 성령이 우리를 에워싸고 있는 일차 현실을 통해 세상의 현실을 바라봅니다. 우리를 두르고 있는 성령의 임재라는 렌즈를 통해 세상을 바라보면 하나님이 다스리는 나라가 이 세상 나라보다 훨씬 더 커 보입니다. 그래서 요한 사도는 "너희 안에 계신 이가 세상에 있는 자보다 크심이라"(요일 4:4)는 믿음이 세상을 이긴다고 했습니다(요일 5:4-5). 그러나 불신앙의 특징은 세상 현실을 통해서 주님을 바라보는 것입니다. 환경이라는 오목렌즈를 통해서 주님과 그의 나라를 보니 세상보다 하나님이 훨씬 더 작아 보이는 것입니다.

선지자 엘리사가 활동하던 시기에 아람 군대가 엘리사가 있는 도단 성을 완전히 포위했습니다. 그것을 보고 놀란 그의 사환이 "내 주여, 우리가 어찌하리이까" 하고 두려워 떱니다. 그러자 엘리사가 "두려워하지 말라. 우리와 함께한 자가 그들과 함께한 자보다 많으니라"고 합니다. 그리고 사환

성령이 임하시면 권능을 받고

의 눈을 열어 보게 해달라고 기도하니, 그가 불말과 불병거가 산에 가득하여 엘리사를 에워싸고 있는 것을 보게 됩니다(왕하 6:15-17). 이처럼 우리 신자를 둘러싸고 있는 불과 같은 성령의 임재가 우리를 삼키려는 세상의 대적과 세력보다 훨씬 더 크고 강합니다. 그러므로 "소자여, 두려워하지 말라"고 하십니다.

4. 약함의 영성

이상한 은혜

고린도후서에서 바울 사도는 자신의 사도직에 대해 의문을 제기하는 사람들에게 자신의 사도권을 변호하였습니다. 그는 자신의 사도됨의 특별한 증거로 자신의 탁월한 은사나 능력, 체험을 자랑하지 않고 자신의 연약함을 자랑했습니다. 자신에게 육체의 가시가 있다고 했습니다.

바울에게 있었던 육체의 가시는 두 가지 기능을 했다고 봅니다. 그 가시는 바울이 자만하지 못하게 하는 동시에 사람들이 바울을 추앙하는 것을 막아 주는 기능을 했습니다. 탁월한 영성과 거룩함을 소유한 이가 자신이 의도하지 않게 우상숭배의 죄를 유발할 수 있습니다. 사람들로부터 추종받는 존재가 될 수 있습니다. 그래서 역설적이게도 은혜가 충만하고 거룩해질 때 더 위험한 인물이 될 수 있습니다.

어쩌면 바울에게 있었던 육체의 가시는 그를 좀 찌그러트리는 역할을 한 것입니다. 사람들은 좀 망가진 우상은 숭배하지 않습니다. 그런데 스스로 찌그러지기를 원하는 사람은 없습니다. 우리는 사람들 앞에서 망가지는 것을 가장 두려워합니다. 자존심이 강한 사람들은 그것을 죽기보다 무서워합니다.

큰 은혜를 받고 교만해지지 않기는 바울 사도 같은 이마저도 힘들었던 모양입니다. 그래서 하나님께서 특별한 방법으로 바울을 도와주셔야만 했습니다. 그것이 육체의 가시 곧 사탄의 사자였습니다. 사탄의 가시는 바울의 몸 안에서 그를 자만하지 않게 하는 자동제어장치와도 같은 역할을 했던 것 같습니다. 이 가시 자체는 고통이고 악이며 사탄이 준 것이었지요. 그러나 주님은 그 악을 허용하셔서 바울이 더 무서운 악과 파멸에 빠지지 않게 그를 보호하셨습니다. 바울이 받은 큰 은혜가 교만으로 인해 변질되지 않고 그 안에 온전히 보존되게 하신 것입니다.

주님은 가시를 제거해 달라는 바울의 기도에 응답해 주시는 대신 한 가지 깨달음을 얻게 하셨습니다. 즉 "내가 약한 그때에 강함이라"는 사실입니다(고후 12:10). 여기에 복음 사역의 비밀이 담겨 있습니다. 이 비밀을 터득한 사람만이

　　　　　성령이 임하시면 권능을 받고

주님의 일을 제대로 감당할 수 있습니다. 주님은 우리가 약할 때만 우리를 사용하실 수 있습니다. 주님의 능력만을 의지할 정도로 충분히 약해져야만 주님이 우리를 능하게 사용하실 수 있습니다. 우리의 약함과 핸디캡과 2퍼센트 부족한 것이 주님의 능력이 역사하는 데 거침돌이 되기보다는 오히려 통로가 됩니다. 반면에 우리의 탁월함과 완벽함이 주님의 일에 방해가 되는 경우가 있습니다.

우리 삶과 사역에 육신의 힘이 많이 들어가 있는 한 성령의 능력이 자유롭게 역사할 수 없습니다. 우리 육신의 열정과 힘이 성령의 능력을 대체하기 쉽지요. 불신의 가장 교활한 형태는 자신의 지혜와 힘을 의존하는 것입니다. 그런 육신의 힘을 빼는 것이 성령이 자유롭게 역사하실 수 있는 길을 여는 믿음의 행위입니다.

우리는 천성적으로 자만심으로 똘똘 뭉쳐 있는 존재이기에 스스로 육신의 힘과 열심을 내려놓기가 참 어렵습니다. 그래서 주님이 도와주셔야 합니다. 하나님이 은혜로운 섭리 가운데 우리 육신의 힘과 지혜로 더 이상 우리 삶과 사역을 지탱할 수 없는 인간의 한계와 궁지로 몰리게 하십니다. 자주 벽에 부딪혀 우리 육신의 완고함과 교만이 깨지고 무력한 자리로 내려가게 하시지요. 그리고 그 약한 자리에 계속 머물러 있도록 우리를 누르는 가시와 같은 제어장치를 허락

하십니다.

그 낮은 자리로 빨리 내려가야 하는데, 우리는 너무도 완강하고 교만하여 그 무력한 자리까지 내려가는 데 오랜 시간이 걸리고 많은 어려움을 겪게 됩니다. 주님이 우리를 사용하시고 복을 베푸시기 위해 먼저 하셔야 하는 일은 우리를 무력의 자리로 끌어내리시는 것입니다. 그래야 우리를 능력 있게 사용하실 수 있습니다. **약함의 영성**이 능력의 통로입니다. 육신의 자만심이 십자가로 처리될 때 우리는 십자가의 능력, 곧 무력의 힘에 사로잡히게 됩니다. 키에르케고르가 말했듯이, 하나님은 우리를 무(無)에서 창조하시고, 우리를 사용하시기 위해서 우리를 먼저 무로 만드셔야만 합니다.

겸손과 눈물과 오래 참음의 목회

바울도 목회가 힘들었던 모양입니다. 바울은 계속 새로운 지역으로 옮겨 다니며 복음을 전했는데 에베소에서는 상당히 오랜 기간 사역했습니다. 그가 새로운 지역에서 복음을 처음 전할 때는 사람들이 획기적으로 변하고 병 고침과 기적 같은 놀라운 성령의 역사가 나타났습니다. 그러나 이미 복음을 받아들인 교인들을 상대로 하는 목회에서는 그런 능력보다 오래 참음과 눈물과 겸손이 필요했던 것 같습니다.

바울이 삼 년간의 목회 사역을 마치고 에베소 교회를 떠나면서 장로들에게 이렇게 당부했습니다. "그들에게 말하되 아시아에 들어온 첫날부터 지금까지 내가 항상 여러분 가운데서 어떻게 행하였는지를 여러분도 아는 바니 곧 모든 겸손과 눈물이며 유대인의 간계로 말미암아 당한 시험을 참고 주를 섬긴 것과……내가 삼 년이나 밤낮 쉬지 않고 눈물로 각 사람을 훈계하던 것을 기억하라"(행 20:18-19, 31).

성령의 능력으로 극적으로 회심한 사람도 변화되는 성화의 과정은 아주 느리게 진행됩니다. 아이들이 자랄 때처럼 교인들이 영적으로 자라는 데는 탈도 많고 문제도 많습니다. 그러니 목회자는 오래 참고 기다려야 합니다. 그런데 그게 쉽지 않습니다. 우리에게는 성취지향적인 성향이 있습니다. 열심히 일하고 수고했으면 그에 대한 성과가 나타나야 보람이 있고 힘도 납니다. 그런데 오래 사역해도 그 열매가 보이지 않을 때 목회자는 지칩니다. 설교도 목회도 무한히 소모하는 사역 같아 보입니다.

그래서 하나님의 종은 하나님의 소모품이라는 말이 있습니다. 하나님이 그 귀한 은혜와 사랑을 자격 없는 죄인들에게 무한히 탕진하십니다. 귀한 말씀과 기도를 소모하는 듯한 우리 사역에는 하나님의 탕진하는 사랑을 아주 희미하게나마 반영하고 증거하는 의미가 있습니다. 목회의 열매와 성과가 없는 것 같아도 맡은 사역을 성실하게 하다 보면 먼저 우리 자신에게 큰 열매가 나타납니다. 우리가 오래 참고 기다리는 사역자, 사랑하는 주님의 성품을 닮은 진정한 사역자로 변해 갑니다. 그러면 우리 사역에 새로운 차원이 열릴 것입니다. 하나님의 큰 선물을 받는 데 가장 중요한 고비는 마지막 삼십 분의 견딤이라는 말이 있습니다. 우리 모두 온전한 인내에 이를 수 있기를 소망합니다.

1 우리는 사회에서 사람들의 인정을 받을 수 있는 가면을 만드느라 쉼 없이 수고하는 삶을 살고 있습니다. 심지어 교회에서조차 종교적인 가면으로 점점 더 굳어질 수 있습니다. 주님의 얼굴빛이 어떻게 우리 가면을 벗기고 참된 얼굴을 찾게 합니까?

2 성령이 자주 우리 앞에 있는 어떤 대상으로 체험되기보다 우리를 에워싸고 있는 임재로 경험된다는 사실에 공감합니까? 물속에 살면서 물을 찾아다니는 물고기처럼 우리도 성령 안에 살면서 성령을 찾고 있지는 않습니까?

3 성령 안에 사는 것은 매일 걷고 호흡하며 먹고 배설하는 것과 같이 일상적인 일입니다. 그중에서 영적인 배설의 중요성을 함께 생각해 봅시다. 영적인 배설은 어떻게 하는 것입니까?

4 진정한 영성은 종교적으로 대단하고 특별한 일을 할 때가 아니라 평범한 삶과 일에서 드러납니다. 일상에서 별 의미 없어 보이는 자질구레한 일을 반복하는 데에도 성령의 권능이 필요하다는 사실에서 깨달은 점과 받은 도전을 나누어 봅시다.

5 성령이 항상 우리와 함께 계시지만 일상 속에서는 성령의 임재를 잘 느끼지 못할 수 있습니다. 다른 일에 몰두할 때 예수님을 생각할 겨를이 없는 것은 잘못된 것입니까?

6 우리가 하루를 살아가는 데 무엇보다 필요한 힘은 가벼움입니다.
   물속에서 우리 몸이 가벼워지듯 성령 안에서 우리 자아가 가벼워
   지는 비결은 무엇입니까?

7 여러분에게 바울의 가시와 똑같지는 않지만 유사한 기능을 하는
   어떤 것이 있습니까? 여러분에게는 자만하지 않게 하는 자동제어
   장치 같은 것이 있습니까?

8 여러분은 성령의 능력을 전적으로 의존하는 무력의 자리에 내려
   와 있습니까? 그 자리에까지 내려가는 게 왜 그렇게 힘들고 오래
   걸립니까?

9 우리의 사역이 무한히 소모하는 것처럼 느껴질 때 하나님의 탕진
   하시는 사랑이 우리에게 어떤 위로가 됩니까?

11장

성령이여,
우리에게 임하소서

1. 성령을 부어 주심

사막이 물 댄 동산으로 변하다

이사야 선지자는 하나님이 성령을 놀랍게 부어 주실 것을 예언했습니다. "마침내 위에서부터 영을 우리에게 부어 주시리니 광야가 아름다운 밭이 되며 아름다운 밭을 숲으로 여기게 되리라"(사 32:15). '부어 주다'라는 히브리어 동사는 '벌거벗기다', '텅 비게 하다'라는 뜻이 있습니다. 하나님이 하늘이 텅 빌 정도로 성령을 남김없이 이 땅에 부어 주셨다는 것입니다.

이사야는 사막과 동산에 비유하여 하나님이 성령을 부어 주실 때 얼마나 놀라운 변화가 일어나는지를 극적으로 묘사 하였습니다. 이사야서에 그런 비유가 자주 등장합니다. "광야와 메마른 땅이 기뻐하며 사막이 백합화같이 피어 즐거워 하며"(사 35:1). "그때에 저는 자는 사슴같이 뛸 것이며 말 못 하는 자의 혀는 노래하리니 이는 광야에서 물이 솟겠고 사막에서 시내가 흐를 것임이라"(사 35:6). "나 여호와가 시온의 모든 황폐한 곳들을 위로하여 그 사막을 에덴 같게, 그 광야를 여호와의 동산 같게 하였나니 그 가운데에 기뻐함과 즐거워함과 감사함과 창화하는 소리가 있으리라"(사 51:3). 이와 같이 이사야는 하나님이 회복의 은혜를 부어 주시기 전과 후의 상태를 '사막'과 '물 댄 동산'으로 대조했습니다.

'사막'은 이스라엘의 불순종이 불러온 비참한 결과, 영적 피폐함과 불모를 상징합니다. 반면에 '아름다운 밭'과 '물 댄 동산'은 그런 이스라엘을 회복하는 하나님의 은혜가 임 한 뒤의 복된 상태를 비유합니다. 사막과 물 댄 동산의 차이 는 비가 오느냐 안 오느냐에 있습니다. 초원이나 물 댄 동산 도 오래 비가 오지 않으면 사막이 됩니다. 반대로 사막도 비가 충분히 내리면 푸른 동산과 숲이 될 수 있습니다. 우리 교회와 인생도 하나님이 은혜의 비를 내리시지 않으면 사막과 같이 삭막하고 비참해집니다. 그러나 하나님이 하늘 문을

성령이 임하시면 권능을 받고

여시고 은혜를 부어 주시면 백합화가 만발한 동산처럼 변합니다.

이 구약의 비전이 마침내 오순절에 성취되었습니다. 하늘이 텅 빌 정도로 하나님이 성령을 한량없이 부어 주셨습니다. 성령이 그의 거처를 저 위에서 이 아래로 옮기셔서 교회를 새로운 거처 성전으로 삼으셨습니다.

오늘날 교회의 현실

성령을 부어 주신다는 구약의 놀라운 약속이 오순절에 성취되었는데, 여러분은 과연 그 말씀대로 이루어진 것을 체험하며 살고 있습니까? 그 말씀의 빛 가운데 우리 교회의 영적인 상태를 진단해 보아야 합니다.

오늘날 교회는 성령의 은혜가 내리지 않는 영적인 사막에 있는 듯합니다. 사막에 사는 식물처럼 교회도 영적인 불모지에서 나름의 생존의 비법을 익힙니다. 은혜의 수분이 절대 부족하니 열매는커녕 푸른 잎 하나 없이 가시만 돋아나고 앙상하게 뒤틀린 모습으로 비참하게 살아갑니다. 오늘날 교회에 그 심령과 삶에 은혜의 물기가 바짝 마른 이들이 많습니다. 영적인 메마름 가운데 오래 살면 거기에 적응하며 길들어 갑니다. 불편한 게 많지만 익숙한 것에 기대는 것입니다. 성령으로 충만하여 아름다운 열매를 맺는 미지의 세계로 나가기가 오히려 두렵고 부담스러워집니다. 그래서 물 댄 동산보다 사막의 삶에 안주합니다.

그렇게 살다 보면 다르게 살 수 있다는 기대마저 사라집니다. 하나님은 우리에게 충만한 은혜를 주시기 원하지만 우리는 최소한의 은혜만 받기를 원합니다. 그것이 과거 이스라엘의 문제였습니다. 그래서 하나님이 "네 입을 크게 열라. 내가 채우리라 하였으나 내 백성이 내 소리를 듣지 아니하며 이스라엘이 나를 원하지 아니하였도다"라고 한탄하셨습니다(시 81:10-11). 우리 안에는 하나님의 충만한 은혜가 들어오지 못하게 하는 완고한 불신이 도사리고 있습니다. 우리는 충만한 은혜를 받는 것을 아주 부담스러워합니다. 그러면 은혜의 지배를 받아야 하고 우리 뜻대로 살 수 없기 때문입니다. 우리는 자신이 주인으로 살면서도 신앙의 명맥을 겨우 유지할 수 있을 정도의 은혜만을 원합니다. 하나님이 약속한 충만한 은혜를 원치 않는 완고한 자아의 틀 속에 스스로 갇혀 거기서 나오려고 하지 않습니다. 그러니 성령이 한량없이 부어지는 시대에 살고 있으면서도, 그 은혜가 거의 스며들지 않는 두꺼운 자아의 껍질 속에 사는 것입니다.

2. 오순절로 돌아가다

마틴 로이드 존스 목사는 "부흥은 교회가 오순절로 돌아가는 것이다"라고 했습니다.[1] 그러나 오순절이 지난 지 2천 년이나 되었으니 시간적으로 오순절로 되돌아갈 수 없습니다. 오순절에 성령이 강림한 사건은 역사 속에 다시 되풀이되지 않는 단회적인 일입니다. 오순절에 일어났던 일이 오늘날 우리에게 그대로 재현될 수 없습니다. "하늘로부터 급하고 강한 바람 같은 소리"와 "불의 혀처럼 갈라지는 것들" (행 2:2-3)이 지금도 나타나기를 바랄 수 없습니다.

그럼에도 오순절 성령 강림은 오늘날 교회와 긴밀하게 연결되어 있습니다. 오순절 성령 강림으로 신약교회가 탄생하였습니다. 성령이 거하는 새로운 성전으로서의 교회 시대가 개막한 것입니다. 처음부터 교회를 교회되게 하는 것이 성령의 충만한 임재였습니다. 성령 충만이 교회의 본질적인 요소였지요. 그러니 성령으로 충만하지 않고는 참된 교회가 될 수 없습니다. 교회를 통해 온 세상에 복을 베푸시고 구원하시려는 하나님의 뜻과 계획이 성취될 수 없습니다.

우리 사회는 하루가 다르게 변하고 있습니다. 그래서 어떤 교회에서는 시대 변화에 발 빠르게 맞춰 가려고 메타버

스를 교회 교육에 도입하기도 하고 온라인 교회를 만들기도 합니다. 교회가 그런 문명의 이기를 지혜롭고 적절하게 활용할 필요가 있습니다. 그러나 그런다고 꼭 시대에 앞서가는 교회가 되는 것은 아닙니다. 오늘날 교회가 사회에서 제 역할을 하지 못하고 시대착오적인 집단으로 전락해 가는 것은 현대 문화에 발맞추지 못해서만이 아닙니다. 그보다 더 근본적인 문제는 영적인 면에서 업데이트가 되지 않은 데 있습니다.

성령이 오심으로 이미 새 시대가 도래했는데, 오늘날 많은 교회는 아직 오순절 저 건너편, 옛 시대에 머물러 있는 듯합니다. 오순절 성령 강림이 역사 속에서는 이미 지나갔지만, 우리 교회와 개인의 신앙 역사, 체험에서는 아직 임하지 않은 것 같습니다. 우리는 오순절로 되돌아갈 수는 없습니다. 그러나 오순절에 성령으로 충만했던 교회의 모습으로는 돌아가야 합니다.

꿈꾸게 하시는 성령

"하나님의 꿈이 나의 비전이 되고"라는 가사의 찬양곡이 있습니다. 하나님의 꿈이 나의 비전이 되면 어떻게 될까요? 우리는 괴로워집니다. 하나님이 그 아들을 보내어 희생하시고 성령을 보내시면서 이루시려는 교회의 꿈이 우리를 사로잡

　　　　　성령이 임하시면 권능을 받고

는 비전이 되면, 우리 안에 갈등과 번민과 탄식이 깊어집니다. 그 교회의 비전과 우리의 현실은 너무도 다르기에 그 괴리 속에서 우리는 신음하고 탄식하게 됩니다. 위에서부터 하나님의 영이 부어져 광야가 아름다운 밭이 되게 하리라는 비전을 보면서 동시에 영적으로 말할 수 없이 피폐한 교회의 현실을 뼛속 깊이 체험하니, 희망과 절망이 교차하며 고민과 갈등이 깊어집니다. 하나님이 주시는 비전과 꿈은 그렇게 우리를 괴롭게 합니다.

지금도 하나님이 쇠락해 가는 그분의 교회를 부흥하게 하실 때 하나님이 꿈꾸시는 교회의 비전을 우리에게 심어 주십니다. 성령과 말씀을 따라 꿈을 꾸게 하십니다. 하나님의 말씀에 고취된 믿음의 상상력을 불러일으키십니다. 교회는 함께 하나님의 꿈을 나누고 그 꿈이 이루어지기를 기도하는 공동체입니다. 그 꿈은 하나님이 성령을 보내심으로 성취된 약속의 말씀에 근거한 것이기에 절대 헛되지 않습니다. 그 꿈을 주신 분이 하나님이시니 그 꿈을 이루어 주실 분도 하나님이십니다. 하나님이 우리에게 비전을 주시고 그 비전이 이루어질 수 없는 절망의 밑바닥으로 우리를 내려가게 하십니다. 거기서 우리를 그 비전에 걸맞은 사람으로 연단하십니다. 그리고 우리를 끝내 그 비전이 실현되는 정상까지 끌어올리실 것입니다. 그때 우리는 꿈을 꾸는 것 같을 것입니다.

오순절 성령 강림은 반복되지 않지만, 성령이 타락하고 침체한 교회를 회복하고 부흥하게 하는 큰일은 계속됩니다. 교회 역사는 타락과 회복이 반복되는 역사입니다. 우리는 연약하여 계속 쓰러지고 타락하지만, 성령은 그런 우리를 계속 회복하고 부흥하게 하십니다. 오늘날 한국 교회에 이런 회복의 은혜가 절실합니다.

은혜의 소낙비가 내리면 오래 사막과 같은 상태에 있던 교회가 갑자기 화초가 피는 동산같이 변화됩니다. 몇십 년 변화되지 않은 것을 성령이 금세 새롭게 하십니다. 햇볕에 타들어가 바짝 마르고 쩍쩍 갈라진 대지 위에 갑작스레 비가 쏟아지면, 광야는 어느새 푸릇푸릇한 화초가 피어오르고 꽃이 만발한 동산으로 변합니다. 성령의 단비가 내리면, 광야 같은 우리 인생이 물 댄 동산으로 급반전됩니다. 우리 교회에 성령의 급습으로 오랜 불모의 세월이 막을 내립니다. 오랜 기다림의 시간이 끝납니다. 우리가 이런 하나님의 큰일이 일어나는 것을 볼 때 시편 기자처럼 꿈꾸는 것 같을 것입니다. 우리 입에는 웃음이 가득하고 우리 혀에는 찬양이 차게 될 것입니다(시 126:1-3). 하나님이 다시 한번 이런 큰일을 행하시기를 바랍니다. 그 일에 쓰임받는 교회와 교인들이 되기를 바랍니다.

우리는 성령 강림이 반복되기를 기대하거나 기도할 수 없습니다. 오순절에 임한 성령은 세상 끝날까지 떠나지 않고 우리와 함께 계실 것입니다. 그러면 성령이 우리에게 임하시기를 기도하는 것은 잘못된 것일까요? 종종 이에 대한 논란이 발생합니다.

먼저 성령은 우리 안에 내재하시는 동시에 초월하신다는 점을 기억해야 합니다. 성령의 내재와 초월을 균형 있게 이해할 필요가 있습니다. 성령은 우리 안에 전인격적으로 내주하십니다. 그러나 성령이 우리 안에만 갇혀 있다고 볼 수는 없습니다. 성령은 우리 밖에도 계시며 우리를 공기처럼 에워싸고 계십니다. 그래서 성령의 역사하심을 묘사하는 데 두 전치사 'in'과 'on'을 사용할 수 있습니다. 성령이 우리 안in에 계신다고 할 수도 있고, 우리에게on 임하신다고 할 수도 있습니다.

복음서에서도 주님이 세례 받으실 때 성령이 그 위에 임하셨다고 했습니다(마 3:16). 그렇다고 그때에서야 주님이 성령을 받으셨다고 볼 수는 없습니다. 예수님은 성령으로 잉태하셨고 전 생애에 걸쳐 성령 안에서 하나님과 연합한 분이었습니다. 그럼에도 복음서 저자는 메시아 사역을 위한 능력이 주님께 부여되었다는 의미로 성령이 그 위에 임하셨다고 묘사했습니다. 사도행전에서도 누가는 성령이 임하셨다는 말을 성령의 새로운 사역을 뜻하는 비유적인 표현으로 사용하였습니다.

따라서 성령이 우리 안에 이미 거하심에도 새로운 은혜와 능력을 부여하기 위해 우리 위에 임하신다고 표현할 수 있을 것입니다. 성령을 이미 받았다는 점만을 강조하는 가르침은 새로운 성령의 은혜에 대한 갈망을 위축시킬 수 있지만, 이런 표현은 새로운 성령 사역을 극적으로 묘사하는 장점이 있을 뿐만 아니라, 그런 은혜에 대한 교인들의 기대와 갈망을 자극하는 유익이 있습니다.

그러나 이런 표현을 사용할 때 혼동이 생길 수 있습니다. 왜 성령을 받았는데 또 성령이 임해야 한다고 하는지 의문이 제기될 수 있는데, 그에 대해 잘 답해 주어야 합니다. "성령이여, 임하소서"와 같은 표현을 사용할 때, 오순절 성령강림이 반복되어야 한다거나 신자가 성령을 부분적으로 받았기 때문에 더 많이 또는 이차적으로 받아야 한다는 것을 뜻하지 않는다는 점을 주지시켜 주어야 합니다. 다만 성령은 우리 안에 전인격으로 내재하시지만 우리를 초월하는 분이시기에, 새로운 은혜와 능력을 주기 위해 우리에게 임하신다고 말할 수 있음을 부연 설명해 줄 필요가 있습니다. 그런 의미에서 우리는 성령의 권능이 우리에게 임하기를, 성

성령이 임하시면 권능을 받고

령으로 충만하기를 간구해야 합니다.

주님이 제자들에게 성령의 권능을 받기까지 기다리라고 하셨습니다. 주님이 승천하시고 열흘이 지난 후에야 오순절이 오기에 제자들은 기다려야 했습니다. 그러나 오순절 이후에 사는 우리는 기다릴 필요가 없습니다. 오순절에 강림하신 성령이 오히려 우리를 기다리고 계십니다. 제자들에게 주신 것처럼 우리에게도 성령의 권능을 주시기 위해 기다리고 계십니다. 그러나 이 권능은 그 가치를 모르는 이에게 주어질 수 없습니다. 그것은 돼지에게 진주를 던지는 것과 같습니다. 보배로운 것이 짓밟히고 더럽혀질 수 있습니다. 성령의 권능은 그 탁월한 가치를 알며 그것을 갈망하며 목말라하는 이에게 주어집니다. 여호와의 눈은 온 땅을 두루 살피셔서 전심으로 자기에게 향하는 이에게 권능을 베푸신다고 했습니다(대하 16:9). 또한 성령의 권능은 올바른 동기로 구하는 이에게 주어집니다. 주님의 몸된 교회가 세상에서 저줏거리가 되어 짓밟히며 주의 이름이 모독을 받는 참담한 현실 속에서 자신의 영광과 성공이 아니라, 다시 한번 세상에 주님의 영광을 드높이는 교회로 돌이키기를 갈망하는 이들에게 이 권능이 주어집니다.

오순절에 성령의 권능은 처절하게 실패한 제자들에게 임했습니다. 그래서 그들을 다가오는 세대의 교회의 터를 닦는 사도가 되게 하셨습니다. 성령의 권능은 실패한 이들에게 주어지는 하나님의 파격적인 선물입니다. 이것이 실패한 우리에게 기쁜 소식이며 유일한 희망입니다. 이 선물을 받는 데 우리가 갖춰야 할 조건은 아무것도 없습니다. 이 선물을 받을 수 있는 모든 자격과 조건을 우리 주님이 십자가의 죽음과 부활을 통해 다 이루셨습니다. 이 선물을 받기 위해 우리가 해야 할 일은 그저 손을 내미는 것입니다. 성령의 권능 없이는 계속 실패할 수밖에 없다는 절박한 심령으로 이 선물을 받는 것입니다.

1 이사야 선지자는 하나님이 성령을 부어 주시면 일어나는 놀라운 변화를 어떤 비유를 통해 극적으로 묘사했습니까?

2 오늘날 우리는 은혜의 물기가 바짝 마른 상태로 영적인 사막에서 그저 생존하는 방식에 익숙한 신앙생활을 하고 있는 것은 아닌지 나누어 봅시다.

3 오늘날 많은 교회와 교인은 아직 오순절 저 건너편, 옛 시대에 머물러 있는 듯합니다. 오순절 성령 강림이 역사 속에서는 이미 지나갔지만, 우리 교회와 개인의 신앙 역사, 체험에서는 아직 임하지 않은 것 같습니다. 여러분의 경험은 어떠합니까?

4 오늘날 하나님의 꿈이 나의 비전이 되면 왜 우리 안에 갈등과 번민과 탄식이 깊어집니까?

5 성령이 우리 안에 거하시는데 성령이 임하시기를 기도할 수 있습니까? 어떤 의미로 그렇게 말하는 것입니까? 그런 표현을 사용할 때 오해하지 말아야 할 점은 무엇입니까?

6 성령의 권능은 그 가치를 모르는 자에게 주어질 수 없습니다. 우리는 어떤 동기로 성령의 권능을 구해야 합니까?

7 성령의 권능은 실패한 이들에게 주시는 하나님의 파격적인 선물입니다. 이 기쁜 소식을 함께 나누어 봅시다.

8 오순절 성령 강림은 반복되지 않지만, 성령이 타락하고 침체한 교회를 회복하고 부흥하게 하는 큰일은 계속됩니다. 다시 한번 하나님이 우리 가운데 큰일을 행하시도록 함께 기도합시다.

성령이 임하시면 권능을 받고

1장 구약에 임한 성령

1   크리스토퍼 라이트, 『구약의 빛 아래서 성령님을 아는 지식』, 홍종락
    역(서울: 성서유니온, 2010), 34.

2   Michael Horton, *Rediscovering the Holy Spirit* (Grand Rapids:
    Zondervan, 2017), 82f. (『성령의 재발견』 지평서원)

2장 예수님에게 임한 성령

1   Sinclair B. Ferguson, *The Holy Spirit* (Downers Grove: InterVarsity Press,
    1996), 48f. (『성령』 IVP)

2   Anthony C. Thiselton, *The Holy Spirit: In Biblical Teaching, through
    the Centuries, and Today* (Grand Rapids: Eerdmans, 2013), 38-39. (『앤
    서니 티슬턴의 성령론』 솔로몬)

3장 오순절에 임한 성령

1   F. F. Bruce, *The Book of the Acts*, NICNT (Grand Rapids: Eerdmans,
    1983), 54. (『NICNT 사도행전』 부흥과개혁사)

2   "우리는 바대인과 메대인과 엘람인과 또 메소보다미아, 유대와 갑바도
    기아, 본도와 아시아, 브루기아와 밤빌리아, 애굽과 및 구레네에 가까
    운 리비야 여러 지방에 사는 사람들과 로마로부터 온 나그네 곧 유대
    인과 유대교에 들어온 사람들과 그레데인과 아라비아인들이라. 우리가
    다 우리의 각 언어로 하나님의 큰일을 말함을 듣는도다"(행 2:9-11).

3   이와 관련한 보다 자세한 논의는 박영돈, 『일그러진 성령의 얼굴』(서울:
    IVP, 2011), 191-218을 참조하라.

4   Frederick Dale Bruner, William Hordern, *The Holy Spirit: Shy
    Member of the Trinity* (Minneapolis, Augsburg, 1984), 7-20.

4장 온 세상에 펼쳐지는 새 창조

1 John R. Levison, *Filled with the Spirit* (Grand Rapids: Eerdmans, 2009), 357-365.

2 Craig S. Keener, *ACTS* v.1 (Grand Rapids: Baker, 2012), 801-802.

3 이와 관련한 보다 자세한 논의는 피터 J. 젠트리, 스티븐 J. 웰럼, 『언약과 하나님 나라』, 김귀탁 역(서울: 새물결플러스, 2017), 323-432을 참조하라.

4 길성남, 『에베소서 어떻게 읽을 것인가』(서울: 성서유니온, 2005), 80-88.

5장 새 시대의 도래

1 Geerhardus Vos, *The Pauline Eschatology* (Grand Rapids: Baker Book House, 1979), 1-62. (『바울의 종말론』 좋은씨앗)

2 Gordon D. Fee, *Paul, the Spirit, and the People of God* (Peabody: Hendrickson, 1996), 49-62. (『바울, 성령, 그리고 하나님의 백성』 좋은씨앗)

3 그레고리 비일, 『성전 신학』, 강성열 역(서울: 새물결플러스, 2004), 233-235.

6장 성령 안에 임한 하나님 나라

1 C. S. Lewis, *The Problem of Pain* (New York: HarperOne, 2001), 141. (『고통의 문제』 홍성사)

7장 성령 안에서 하나님 나라 살아가기

1 J. I. Packer, *Keep in Step with the Holy Spirit* (Old Tappan: Fleming Revell, 1978). 33. (『성령을 아는 지식』 홍성사)

2 박영돈, 『성령 충만, 실패한 이들을 위한 은혜』(서울: SFC, 2023), 15-47.

3 그레고리 비일, 『성전 신학』, 64-66.

4 유발 하라리, 『호모 데우스』, 김명주 역(서울: 김영사, 2017).

성령이 임하시면 권능을 받고

8장 구원하는 성령의 능력

1 아비투스(*Habitus*)는 프랑스의 사회학자 피에르 브르디외에 의해 대중화된 용어로, 사회적인 관습이나 자라 온 과정에서 오래 몸에 밴 습관과 성향과 같은 것을 의미한다.

2 Gordon D. Fee, *Paul, the Spirit, and the People of God*, 86.

3 John Calvin, *Institutes of the Christian Religion*, v.2 ed. John McNeil (Philadelphia: Westminster, 1987), 3.16.1. (『기독교 강요』 크리스천다이제스트)

9장 성령은 우리 안에 흐르는 생수의 강

1 Leon Morris, *The Gospel According to John*, NICNT (Grand Rapids: Eerdmans,1981), 423f.

2 제임스 K. A. 스미스, 『하나님 나라를 상상하라』, 박세혁 역(서울: IVP, 2018), 29-86.

3 제임스 K. A. 스미스, 『습관이 영성이다』 박세혁 역(서울: 비아토르, 2018).

10장 성령은 우리를 에워싼 환경

1 권해생, 『요한복음』(서울: 총회출판국, 2021), 473-477.

2 Geerhardus Vos, *The Pauline Eschatology*, 59. (『바울의 종말론』 좋은씨앗)

3 J. Moltmann, *The Spirit of Life* (Minneapolis: Fortress, 1992), 287f. (『생명의 영』 대한기독교서회)

11장 성령이여, 우리에게 임하소서

1 M. Lloyd-Jones, *Joy Unspeakable* (Wheaton: Harold Shaw, 1984), 266-280. (『성령세례』 기독교문서선교회)